¡Yo no pienso como Él!

¡YO NO PIENSO COMO ÉL!

TESTIMONIO DE UNA MUJER QUE
DESCUBRIÓ QUE LOS PENSAMIENTOS DE
DIOS SON MEJORES QUE LOS NUESTROS

CORALIA *A.* REID

EDITORIAL
Vida

© 2004 Editorial Vida
Miami, Florida

Editores: *Raphael Ojeda, Patricia Fernández y Madeline Días*
Diseño interior: *Ruth Irenne Madrigal Chinchilla*
Diseño de cubierta: *Grupo Nivel Uno, Inc.*

Reservados todos los derechos

ISBN: 0-8297-3708-1

Categoría: *Vida cristiana / Testimonio*

Impreso en Estados Unidos de América
Printed in the United States of America

04 05 06 07 ❖ 07 06 05 04 03 02 01

Dedicatoria...

Primeramente a mi Dios, luego a mi familia.

En especial a mi madre y mis tres hermanas: Irma, Lidia y Elena.

Y muy especialmente a mis dos hijas: Vanessa y Yhovanna.

Doy gracias a Dios por la bendición que tengo en ellas. Dios las ha usado de una forma maravillosa en mi vida, y hemos establecido una relación madre-amiga extraordinaria. Bendigo a Dios por sus vidas todos los días. Si tuviera que volver a nacer y escoger cómo vivir mi vida, escogería la misma, sin cambiar nada, solo por el hecho de tenerlas a ellas.

Vanessa y Yhovanna son realmente la esencia del amor de Dios, concentrado en la familia y la amistad...

A Dios sea toda la honra y toda la gloria,

Coralia

Mi más profundo agradecimiento a...

Familia Murrell, *por ser uno de los instrumentos que Dios usó para hacer cambios extraordinarios en mi vida.*

Elizabeth Figueroa, *por su valiosa ayuda como secretaria y por ser «mi amiga».*

Esteban Fernández, *por ver en mí a alguien más allá de Coralia. Alguien que yo jamás hubiera imaginado ver: A Coralia, la escritora. ¡Yo nunca lo pensé!*

David Guerra, *mi mejor maestro, que en esta vida me enseñó a mantener mi cabeza en alto, reconociendo que la obra que Dios había empezado, la iba a terminar. Por lo cual también hago llegar mi gratitud a su amada esposa,* Nedelka de Guerra.

Raphael Ojeda, *mi amado loquito e hijo espiritual, que me ha mostrado su amor y su amistad a través de su adaptación incondicional de mi primer libro.*

Amarilis Serrano, *otra hija que llegó a mi vida trayendo más gozo e inspiración a mi alma y corazón. ¡Es por eso que cuando pienso en la nueva familia que Dios me ha dado, no puedo dejar de mencionarla!*

Mis amigos, el pastor Hermes Espino *y su esposa* Iris, *que me extendieron su amistad y su servicio incondicionalmente.*

María Elena y Fernando Alarco, *que entraron en mi vida dando curso a este libro y han sido de mucha bendición animándome a escribir no solo este sino muchos más.*

Asimismo, doy gracias a Dios por Elogio y Lidia Rivero, que cuando más necesité de una mano amiga, ellos estuvieron allí.

Todos mis hermanos en Cristo, *desde Miami hasta Panamá, que siempre han orado por mí y me han apoyado.*

Pastores y amigos... ¡Gracias!

Contenido

Introducción a la historia de mi vida

Este libro no está escrito solo para las mujeres abandonadas, sino también para todas aquellas personas a quienes las circunstancias de la vida no les resultaron como ellos imaginaban. Quizás se sientan solos y piensen que la vida es injusta con ellos, e intenten mejorar su manera de vivir basados en sus propias fuerzas. Este libro es la mejor evidencia de que no siempre vamos a pensar como Él, pero que Él siempre piensa en lo mejor para nosotros. Muchas veces, las cosas que suceden en nuestras vidas nos causan heridas profundas en nuestros corazones, no las podemos entender, y hasta nos llevan al punto de querer tirar la toalla.

A través de este libro relato mi testimonio de cómo fui abandonada por mi esposo con dos hijas, pero recogida con amor incondicional por nuestro Señor Jesucristo. ¡Vale la pena esperar en Dios! Te lo puedo decir de mi propia experiencia. En su tiempo, Él hace todo hermoso, así como dicen las Sagradas Escrituras en Eclesiastés 3:11. *«Dios hizo todo hermoso en su momento, y puso en la mente humana el sentido del tiempo, aun cuando el hombre no alcanza a comprender la obra que Dios realiza de principio a fin».* Dios hace las cosas hermosas a su tiempo, tan hermosas, que una vez hechas no las podemos creer. Únicamente nos resta bendecir la grandeza de su nombre, alabarle por su inmensa bondad, y darle gracias por su infinita misericordia. Sin nosotros ver ni pensar como Él, Dios siempre cumple su propósito divino en nuestras vidas.

También conocerán cómo a través de los años: entre carcajadas, lágrimas y decepciones, su Palabra se fue haciendo viva y eficaz en mi vida. Llegué a comprender algo muy importante para mí: Nuestro Dios nos ama y promete protegernos, muchas veces aun en contra de nosotros mismos.

En este libro verán cómo Dios se mantuvo fiel conmigo y con mis hijas, y como su brazo extendido de misericordia nunca fue cortado de nuestras vidas. Si Él lo hizo conmigo, ¿por qué no lo puede hacer contigo? Él es el gran «Yo Soy» de las Sagradas Escrituras. ¡Dios no hace acepción de personas! Atrévete a confiar en Dios en la prueba o en la dificultad que estás pasando, aunque no pienses como Él.

Capítulo I
UNA NIÑEZ SIN PADRE

«Crecí en un hogar sin padre, levantada por una madre luchadora con cuatro hijas».

No les puedo decir que mami fue abandonada porque realmente no lo fue. Pero jamás podré decir que tuvimos un papá el tiempo completo. La historia de amor de mis padres es uno de esos casos en el que la mujer se enamora ciegamente de un marinero que piensa que la vida le pertenece solo a él. Mi madre perdió la cabeza por un picaflor que en cada puerto al que llegaba seducía a cuantas mujeres deseaba, sin importarle las huellas que dejaba a su paso.

Realmente, nunca supe cuántos hermanos o hermanas tengo. Solo sé que en una ocasión, en un desfile patrio de Panamá, el 3 de noviembre, mi papá me presentó a una de mis hermanas. En aquella ocasión me dijo muy frívolamente: «¡Esta es tu hermana!». Ambas hicimos silencio por un momento mientras nos mirábamos tímidamente a las caras, y fue entonces cuando, a la misma vez, rompimos el hielo y nos dijimos con la voz temblorosa: «¡Hola!». Eso fue todo lo que sucedió entre nosotras.

En otra ocasión, estaba acompañando a mi vecina a hacer sus compras en el centro de la ciudad, cuando de pronto, me agarró del brazo izquierdo y susurrándome al oído me dijo: «Mira, aquella niña que va por la acera del frente, caminando con la otra muchacha, también es tu hermana». ¡Pero nunca más supe de ellas! Supe por mami, y hasta por el mismo papá, que existían otras más. En realidad, papá se sentía muy orgulloso de tener varios hijos regados por el mundo.

Mami, mis tres hermanas y yo vivíamos en una casa vieja y fea que papá tenía en Río Abajo, en Panamá, mi tierra natal. Lo tengo todo fijado en mi mente como si fuera hoy. Él nos decía: «¡Esta casa es mía, y no quiero que se peleen por ella! No la pongo a nombre de ninguna porque son muchas». Cosas como esas son las palabras que puedo recordar de mi papá. Mami luchaba, lloraba y peleaba con él cada vez que estaba en casa.

Una vez me encontraba sola en la casa, mamá se había ido a comprar algunas cosas para la cena. De pronto entró papá en mi habitación, y acercándose a mí, dijo mirando con lujuria mis pequeños y oscuros ojos: «Ahora te voy a enseñar cómo un hombre besa a una mujer». Un fuerte escalofrío recorrió todo mi cuerpo, y en un instante todo se tornó una confusión para mí al sentir su lengua dentro de mi boca.

Cuando mami llegó de la tiendita con la compra para la cena, percibió que algo extraño había pasado. Me notó diferente. Y desde ese día evitaba dejarme a solas con papá. Yo no podía entender por qué mi padre había hecho algo como aquello. Sentía que lo que él había hecho conmigo estaba incorrecto. Tuve miedo de lo que pudiera haber hecho papá, y por eso preferí quedarme callada.

Otro día, en medio de aquel torbellino de peleas y de discusiones, escuché sin querer cómo papá le gritaba a mamá en la cara con voz áspera: «No creo que Coralia o alguna de estas mocosas sea hija mía». Sentí una intensa opresión en lo más profundo de mi corazón, como si una tenaza de metal me lo estuviera desgarrando en pedazos, y entonces, no tuve más remedio que desahogar mi dolor con dos lágrimas. Papá nunca estuvo seguro de que yo fuera su hija. «¡Mi única hija en esta casa es Lidia!», decía, porque ella era negrita, con la pigmentación de la piel oscura igual a la de la madre de mi papá. En realidad, el rostro de Lidia se parecía mucho al de mi abuela paterna.

No recuerdo cuántas veces mis hermanitas y yo, junto con mamá, regresábamos a refugiarnos en casa de la abuelita. Mamá huía, desesperada, buscando la protección de su madre. Y varias lunas más tarde papá llegaba como mansa tórtola a casa de la abuela para seducir a mamá una vez más y llevársela. Nuevamente, mamá regresaba con él, enamorada, creyendo en sus falsas promesas de amor y de transformación.

«¡Me quiero casar contigo!», fueron las palabras más dulces que mamá pudo alguna vez escuchar del hombre que tanto amaba. Una promesa de matrimonio que él sabía manipular muy bien cada vez que necesitaba que ella regresara con él. Ya no recuerdo cuántas veces escuché a papá presentar a mamá como su prometida. Yo no comprendía por qué la llamaba «mi prometida», si él era mi papá y ella mi mamá, y los papás y las mamás son esposos, no prometidos. En fin, eran muchas las cosas que mi cabecita de cabrita saltona aún no podía asimilar.

> *Yo no comprendía por qué la llamaba «mi prometida», si él era mi papá y ella mi mamá, y los papás y las mamás son esposos, no prometidos.*

En incontables ocasiones fui testigo fiel de las puñaladas verbales y los azotes físicos que papá descargaba contra mi madre. Claro está que ella no se dejaba intimidar por él, y se defendía como una leona fiera. Aún desfilan por mi mente, como relámpagos en medio de una noche oscura de tormenta, imágenes de sus peleas, sus gritos y sus golpes. Una vez sentí tanto coraje por los golpes que papi le había proporcionado a mi indefensa madre, que yo misma la ayudé a lanzarle piedras. Él la había arrojado violentamente sobre el suelo con una barriga bien grande. Cargaba en su vientre a mi hermanita menor, pero eso a papá no le importó nada. Es más, se detuvo frente a ella sin contemplaciones, la miró fríamente, y se marchó sin titubear, dejándola tirada sobre el suelo como un objeto sin valor, abandonado a su suerte.

Y así, nuestras vidas marchaban como cual ferrocarril sobre rieles, deambulando en medio de un gran desierto. Unos días viviendo en la casa de Río Abajo y otras en casa de la abuela, en la capital. Teníamos que asistir a dos escuelas diferentes: una en la capital, Panamá, y otra en Río Abajo. La inestabilidad reinaba en nuestras vidas por causa de las constantes riñas de mis padres. Es triste decirlo, pero las pocas veces que sentíamos tranquilidad en aquella casa nefasta, las contadas ocasiones en que no existían peleas, era simplemente cuando papá estaba navegando por algún lugar del mundo. Pero desgraciadamente, entonces pasábamos hambre.

Cuando estaba con nosotras comíamos bien porque él mismo se lucía delante de todos comprándonos carne, pollo, golosinas y muchas cosas más. Mis hermanas y yo nos decíamos: «¡Papá es rico!», porque se exhibía comprándonos más de lo que necesitábamos. Sin embargo, cuando se marchaba, milagrosamente le dejaba a mami un saco de frijoles y otro de arroz. ¡Y chifla! Él decía que eso era suficiente para que no pasáramos hambre. Al irse papi, también se terminaba el pollo y la carne. Del jugo o de la leche ya no existía ni el recuerdo, ¡ni siquiera para la bebita! Papá decía: «Háganle crema de arroz. ¡Eso no necesita leche!»

Mientras escribo estas palabras, quiero detenerme para darle un consejo a mis queridos amigos, padres de familia: ¡Qué equivocados estamos cuando pensamos que los niños no sienten ni recuerdan las cosas que oyen¡ ¡Todo esto aún está en mi memoria! Y no fue hasta el día en que conocí a Jesucristo como mi Señor y Salvador que todo comenzó a ser sanado. Hasta ese día todavía existían en mi alma heridas, y mucho dolor en mi corazón. Sí, aún existían en mi mente recuerdos muy desagradables, los cuales inconscientemente surgían y se combinaban con las vicisitudes de mi vida presente, aumentando así todas mis frustraciones y traumas.

¡Deténganse queridos padres! No hagan a sus hijos participes de sus conflictos personales y matrimoniales. Si lo hacen, abrirán también heridas profundas en los corazones de sus amados hijos, y si ellos no deciden clavar a tiempo tantas heridas y tanto dolor en la Cruz del Calvario, las mismas traerán consecuencias nefastas a sus vidas... **¡y jamás, entiéndanlo bien, podrán ser sanados si no es que el Señor Jesucristo lo hace!** *«Dejen que los niños vengan a mí, y no se lo impidan, porque el reino de Dios es de quienes son como ellos»* (Lucas 18:16).

Transcurrían noches y días, mami lavaba y planchaba ropa ajena incansablemente para darnos una alimentación básica y comprarnos algo de ropa que nos mantuviera siempre presentables ante de los demás. Sus manos benditas, deformadas por el agua caliente del recipiente donde colocaba la ropa sucia, y también por el cloro que usaba para blanquearla, enloquecían a sus clientes de felicidad. Sin embargo, ella no solo lavaba y planchaba para darnos lo que más necesitábamos, sino que innumerables veces también horneaba panetelas.

Apenas sonaba el timbre del recreo, caminaba desde el pasillo que quedaba frente a mi clase, a pasos agigantados, hacia la voz calurosa de mamá. Al mismo tiempo, mis compañeros de escuela cabalgaban hasta la entrada del colegio y se aglomeraban alrededor de mami para comprarle sus panetelas. «¡Hoy tengo panetelas de yuca, maíz y pan!» Ella los atendía, vestida de una sonrisa maternal, con su cabeza adornada con la esperanza radiante de la vida, esbelta, sosteniendo una bandeja grande de madera entre sus maravillosas manos, a la entrada principal de mi escuela.

«Dígame vecina, ¿ya dieron los números de la lotería?» Mis hermanas y yo sabíamos que si mamá ganaba su billetito de once dólares, en casa tendríamos carne por varios días. «Mami, ¿cuál te falta?», le preguntábamos mientras sintonizaba los resultados de la lotería en su radiecito de baterías. A veces decía: «¡Pidan el cinco!», otras veces: «¡Pidan el uno!», o sencillamente vociferaba su enojo con voz quebrantada: «¡No tengo nada de lo que salió! ¡Perdí!» Y con una nube que opacaba su mirada, a punto de estallar, decía: «¡Hoy vamos a comer arroz blanco con agua!»

Algunas veces mami escribía una notita, la doblaba, y me enviaba, por ser la mayor, a llevarla a casa de mi madrina Evelina. Ella vivía a unas cinco cuadras de nuestra casa. Después de haberle dado las buenas tardes y de saludarla con un cariñoso beso y un fuerte abrazo, le entregaba la nota que mi mami le había enviado muy esperanzada. Mi madrina, preocupada, abría la nota, la leía rápidamente, y sin comentar nada sacaba de su refrigerador alimentos bien ricos para que mami nos preparara una suculenta cena. Yo regresaba a casa saltando de alegría con una bolsa repleta de alimentos, con la cual mami, con sus manos milagrosas, se las arreglaba para que nos alcanzara para comer durante varios días.

Y una noche, en una de esas famosas visitas que papá hizo a casa y en la que mamá estaba más ilusionada que nunca por su regreso, una noche en la que la oscuridad rodeaba toda la casa en medio del silencio de la madrugada, a veces interrumpido por el cántico de los grillos que emergían por mi ventana, me desperté sobresaltada sobre mi cama al escuchar un fuerte quejido. «¡Ayyy!» Era el clamor suplicante de una voz femenina que cada vez se hacia más aguda. Me levanté rápidamente y me dirigí hacia el lugar de donde provenía el alarmante sonido, y armándome de coraje, me precipité en medio de aquella helada habitación. Mi madre estaba acostada a la par de mi padre. Un río carmesí se desbordaba de la pierna de mami bañando todo lo que estaba a su alrededor.

«¡Ayyy!¡Cómo duele!¡Aayyy!» Reiteraba cada vez con más fuerza, suplicando a mi padre. El eco de los gritos de dolor de la mujer que me dio el ser, en aquella negra y fría habitación, enloquecía sin contemplaciones mis oídos sutiles. Corrí agotando mis fuerzas al cuarto de mis hermanas. «¡Irma, despiértate! ¡Mamá está muy mal! ¡Papá no la quiere ayudar!» Varias lágrimas velozmente rodaron por mis pequeñas mejillas. Y colocándome el primer vestido que encontré a la mano exclamé: «¡Voy a buscar a mi abuelita!»

> ¡Mamá está muy mal! ¡Papá no la quiere ayudar!»

Agarré unas botellas de sodas y esperé impacientemente parada frente a la tienda de los chinitos hasta que decidieron por fin abrir. El dinero que me dieron por las siete botellas de sodas fue suficiente para pagar el pasaje del autobús que me condujo hasta la parada cerca de la casa de mi abuelita. Bajé del vehículo y miré todo a mi alrededor, abriendo grandemente mis ojitos, sin poder reconocer el rumbo que debía coger en medio de aquella blanca madrugada. Titubeé una y otra vez, tratando de decidir qué rumbo tomar, hasta que por fin pude recordar. «¡Sí, es por allí!»

Apresurando aun más mis pasos, iba torturándome, con aquella fotografía de mi madre desangrándose martillando mi mente. «¡Abuelita, abuelita!», gritaba yo, tocando una y otra vez a la puerta de mi abuela, no recuerdo cuántas veces. «Cori, ¿qué haces aquí, tan temprano y tan solita?», preguntó mi abuelita. «¡Mamá está muy mal! ¡Se está desangrando!» Le conté todo lo que había sucedido entre lágrimas y con mi voz temblando.

Viajé de regreso a casa en un taxi, con mi abuelita sentada a mi lado. Minutos más tarde una ambulancia se abría paso en medio de la callada ciudad, cargando el inconsciente cuerpo de mi mamá rumbo al hospital. Mi hermana y yo, abrazadas llorando, observábamos desde el frente de la casa cómo desaparecía la ambulancia en medio de aquella densa oscuridad. Y en medio del silencio que envolvía la noche, vagamente, escuchábamos el eco alarmante de la sirena perderse a lo lejos.

Gracias a que los milagros siguen existiendo, mi Dios, grande y poderoso, salvó la vida de mi madre.

Hace treinta años no era como es hoy. Tomar un autobús a las cinco de la mañana, teniendo diez años de edad, era muy peligroso. Además de que no recordaba dónde vivía mi abuela. Solo Dios, con su infinita misericordia, hizo que me acordara del lugar. Y como esa, cuántas veces Dios ha intervenido a nuestro favor sin nosotros merecerlo. Tan solo… porque Él es Dios, y nos ama tanto.

Después de muchos años entendí el porqué de aquella madrugada ensangrentada de mamá. Fue a través de este texto maravilloso de Romanos 8:28, a veces incomprensible, pero cierto: «Sabemos que Dios dispone todas las cosas para el bien de quienes lo aman, los que han sido llamados de acuerdo con su propósito».

¡Bendito sea el Señor! Ese único incidente fue suficiente para que Dios le abriera los ojos a mi mamá. Ella pudo darse cuenta, por fin, de que papá no la amaba. Que en realidad, él nunca la amó, y que él nunca iba a amarla. Y nos mudamos apenas le dieron de alta del hospital a casa de la abuelita.

Más tarde supimos que mami con sus uñas se rompió unas várices grandes que tenía en la pierna. Hasta el día de hoy, no sabemos si papá realmente no se dio cuenta de lo que le estaba sucediendo a mamá. Solo sé que él permanecía dormido. Si realmente no escuchó cuando ella lo llamaba, solo Dios lo sabe.

> *Si realmente no escuchó cuando ella lo llamaba, solo* Dios *lo sabe.*

Cierta mañana vinieron a buscar a mami para un trabajo que ella hacía mucho tiempo había solicitado. Allí nuevamente estaba Dios, a nuestro rescate, el Dios que nunca nos desampara. Él apoyó a mami, y la prosperó cuando tomó la decisión correcta. Desde entonces, mamá trabajó en una lavandería que servía al gobierno de los Estados Unidos de América. No fue cualquier trabajo. A ella le pagaban muy bien la hora, ya que el pago mínimo en Panamá era como $0.60 por hora, y al trabajar para el gobierno de los Estados Unidos ganaba $1.50. Imagínense, pudimos mudarnos a nuestro propio apartamento.

A diferencia de la casa de papá, que era muy fea, con las letrinas y el baño ubicados en el patio; o de la casa de mi abuelita, donde solo existía un cuarto en el cual nos tocaba dormir a todas en el piso, y que contaba con solo un baño para que lo usara toda la vecindad por turno de llegada; ahora, en el apartamento, también teníamos nuestro propio baño. ¡Era todo lo que habíamos soñado! ¡El sueño de nuestras vidas que solo Dios pudo haber hecho realidad!

PUNTOS PARA PENSAR:

Yo no podía entender por qué mi padre había hecho algo como aquello.

Papá nunca estuvo seguro de que yo fuera su hija.

«¡Mamá está muy mal! ¡Se está desangrando!» Le conté todo lo que había sucedido entre lágrimas, y con mi voz temblando.

Si realmente no escuchó cuando ella lo llamaba, solo Dios lo sabe.

REFLEXIÓN:

¡Qué equivocados estamos cuando pensamos que los niños no recuerdan lo que oyen!

No es hasta el día en que conocemos a Jesucristo como Señor y Salvador, que todo comienza a ser sanado, aún sin entender por qué nos pasó.

La identidad no la da un padre terrenal sino Jesucristo.

Gracias a que los milagros siguen existiendo, mi Dios, grande y poderoso, salvó la vida de mi madre. Él nunca nos desampara.

CITAS BÍBLICAS:

¡Sigue siendo el mismo Dios!

Jeremías 31:3: *«Hace mucho tiempo se me apareció el Señor y me dijo: "Con amor eterno te he amado; por eso te sigo con fidelidad ..."»*.

Hebreos 12:1: *«Por tanto, también nosotros, que estamos rodeados de una multitud tan grande de testigos, despojémonos del lastre que nos estorba, en especial del pecado que nos asedia, y corramos con perseverancia la carrera que tenemos por delante»*.

Capítulo II
UN RAYITO DE LUZ EN MEDIO DE MI ADOLESCENCIA SOMBRÍA

*«Así que a mí no me va a suceder lo mismo.
¡Yo no voy a dejar que me enreden como papá
lo hizo con ella!»*

Cuando cumplí 15 años, yo misma me hice un pastel de cumpleaños poniendo en práctica los cursos de repostería que había realizado. Había estado varios años en un colegio de monjas aprendiendo modistería. Quería graduarme rápido. Mamá estaba trabajando fuerte en una lavandería para poder sostenernos, y sentía que era mi obligación encontrar un trabajo para comenzar a ayudarla aportando algo para los gastos de la casa.

En aquellos tiempos conocí a un muchacho bien guapo y muy bien formado. Me enteré después de que era boxeador. ¡Me gustaba mucho! Imagínense, yo quería casarme y tener un buen esposo que me ayudara con mi familia. ¡Era la mayor de mis

Yo quería casarme y tener un buen esposo que me ayudara con mi familia.

hermanas! Mis amigas me decían que cuando una se casaba el hombre la ayudaba a sostener el hogar. A veces pensaba: «Por eso es que papá no lo hizo, porque nunca se casó con mi mamá. Así que a mí no me va a suceder lo mismo. ¡Yo no voy a dejar que me enreden como papá lo hizo con ella! ¡Yo sí me caso con este hombre!

Pero mi querido boxeador terminó siendo un hombre excesivamente celoso. No habíamos cumplido ni siquiera tres meses de novios cuando de repente le sobrevino un gran arrebato de celos. Estaba bailando con un muchacho en una discoteca donde nos encontrábamos con otros amigos de la familia. De pronto, sentí que alguien me haló bruscamente por el brazo derecho, me dio una fuerte bofetada y me tiró contra el piso, golpeando también al chico que estaba conmigo.

Aquel simpático hombre se había transformado en un energúmeno. Mi querido boxeador había armado todo aquel escándalo solo porque me había encontrado en una discoteca bailando con mi primo. Repentinamente, un frío seco comenzó a recorrer lo más profundo de mi ser. Mi corazón quiso huir de mi pecho al ver lo que había hecho. Un sudor helado comenzó a bañar mi rostro asustado.

Muchas veces cuenta que estemos en el lugar equivocado, y con la compañía equivocada. Lo bueno es que así el Señor se encarga de sacar a la luz todas las intenciones oscuras.

Una interminable película con imágenes opacas de mi niñez comenzó a proyectarse inconscientemente en mi mente. Exhibía todas aquellas imágenes que desesperadamente un día había tratado de olvidar. Los muchos golpes que mi padre le dio a mi madre estaban nuevamente frente a mí. Así que, cuando comprendí la triste realidad que me esperaba, decidí terminar con mi querido boxeador. «¡Se acabó!». Él me pidió perdón llorando. ¡Y hasta me suplicó que volviéramos! Pero yo no quería saber nada de él. Aun a pesar de que mamá se había vuelto su aliada. Ella me pidió que lo perdonara, pero fue inútil. Llevaba grabadas en mi interior las tormentosas escenas de gritos y golpes entre ella y papá.

¡Amados padres, cuidado con su testimonio! ¡Ay, como duele! ¡Como sufren los hijos por culpa de esos padres salvajes! En mi caso, le doy gloria a Dios por la decisión que tomé. Mucho después me enteré de que estaba preso. La costumbre del muchachito era... golpear. Todo lo resolvía con golpes. Era boxeador en el ring y fuera del ring.

> *¡Como sufren los hijos por culpa de esos padres salvajes!*

Bueno, sabrán que un mes más tarde conocí a... ¡mi príncipe azul! ¡Un joven muy educado y muy romántico! Tenía una panadería. Me miraba con amor. Y me regalaba más pan de lo que yo compraba. Me colocaba queso en la bolsa. Me hacía guiños con los ojos. ¡Oh Dios! ¡Ya se pueden imaginar! Me daba todo lo que me hacía falta, física y espiritualmente. Por fin había llegado a mi vida alguien que me regalaba cosas que podía compartir con mi mamá y con mis hermanas, y sin pedir nada a cambio. ¡Para mí... eso era muy importante!

Papá siempre le echaba en cara a mami lo que él nos daba. Parecía que nos hacía un favor cuando nos traía queso o jamón. Y cuando eso ocurría, en casa era un día de fiesta. Mis hermanas y yo llegamos a pensar lo bueno que era papá porque nos daba bastante comida. En realidad, él nos daba a mano suelta solo para jactarse y humillar a mamá. Sin embargo, ella siempre pensaba en el futuro de nosotras, y guardaba todos los alimentos que podía. ¡Dios bendiga a mi madre, y la guarde siempre!

Aquí es donde realmente empieza la historia de mi vida. Digo empieza porque tal como dice la escritura en *Isaías 55:8-9: «Mis pensamientos no son los de ustedes, ni sus caminos son los míos ... Mis caminos y mis pensamientos son más altos que los de ustedes ¡más altos que los cielos sobre la tierra!».*

Les afirmo mis amados lectores:
«¡Yo no pienso como Él!»

Puntos para pensar:

Así que a mí no me va a suceder lo mismo que a . . .

¡Como sufren los hijos por las decisiones equivocadas de sus padres!

Papá siempre le echaba en cara a mami lo que él nos daba.

Reflexión:

Con anillo en mano, y toda la formalidad del caso, ¡Qué me iba a imaginar lo que vendría! Las apariencias engañan.

Creer que uno va a cambiar a alguien es absurdo, mucho menos pensar en cambiar grandes defectos, como por ejemplo la violencia.

Ser madre o padre no tiene que ver con experiencias personales, sino con una relación con Cristo Jesús.

Nuestras responsabilidades comienzan cuando tomamos «la decisión».

Citas bíblicas:

¡Tomemos la decisión de creerle a Dios!

Hebreos 4:15: *«Porque no tenemos un sumo sacerdote incapaz de compadecerse de nuestras debilidades, sino uno que ha sido tentado en todo de la misma manera que nosotros, aunque sin pecado».*

Hebreos 4:16: *«Así que acerquémonos confiadamente al trono de la gracia para recibir misericordia y hallar la gracia que nos ayude en el momento que más la necesitemos».*

Capítulo III
Y YO QUE PENSABA QUE EL MATRIMONIO ERA COMO EN LOS CUENTOS DE HADAS

«De la noche a la mañana tenía un novio que me adoraba».

Imagínense, entre una cosa y la otra, ese muchacho me fue enamorando. Se portaba de lo más bien conmigo. Me daba todo lo que yo necesitaba: amor, compañía, afecto, cosas sabrosas que no podíamos comprar en casa. Y nos hicimos novios con el consentimiento de mamá.

> *Ese muchacho me fue enamorando. Se portaba de lo más bien conmigo.*

Una tarde después de salir del cine, caminábamos lentamente muy acaramelados, tomados de la mano, a lo largo de una avenida muy transitada, mirándonos y sonriéndonos como dos tortolitos inocentes. Y cuando pasamos por el lado de una señora que vendía billetes de lotería, ambos nos miramos y decidimos detenernos. Mi príncipe azul, sonriente, me pidió que escogiera el número que más me gustara para los dos. ¿Saben que los cuatro números que yo escogí salieron al día siguiente?

¿Se imaginan ustedes? Los números eran el 2804. Me sentía como si estuviera en un hermoso sueño del que nunca me hubiera querido despertar. De la noche a la mañana tenía un novio que me adoraba. ¡Todo un caballero! ¡Quería a mi madre y a mis tres hermanas! Me respetaba, y sobre todas las cosas, me trataba maravillosamente bien. ¡Y ahora, además de eso, también tenía dinero! Habíamos ganado un billete que pagaba $1,000.00. ¡No se rían, que mil dólares en esos días era dinero! Y mucho más para quien nunca había tenido nada. ¡Aquello era todo un acontecimiento para mí!

¡Era la chica más feliz del mundo! ¡Pensé que por fin había alcanzado la gloria y la felicidad! ¡Para mí era lo máximo! Lo tenía todo. Si alguien me hubiera dicho que algún día iba a sufrir, les aseguro que jamás le hubiera creído.

Seguí estudiando. Cuando cumplí 16 años, nos comprometimos con anillo y todas las demás formalidades que corresponden al caso. Amigos míos, ¡me sentía como Alicia en el país de las maravillas! Durante nuestro noviazgo, todas las noches, lo único que hacíamos era pararnos afuera en el balcón. ¡Al menos eso era lo que yo pensaba! Entre besos, abrazos, y caricias avanzábamos más lejos de lo que un novio y una novia deberían de ir. ¡Sí! Quiero que sepan que nuestra excusa era: «Si no hay relación sexual, ¿para qué preocuparnos? Después de todo, ¡yo sigo siendo señorita! Él me respeta, y cuando nos casemos, seremos muy felices para toda la vida como marido y mujer».

Recuerdo que mami nunca me habló sobre el sexo, o sobre las intimidades que ocurren entre un hombre y una mujer. Lo único que yo realmente quería era que mi novio me respetara y se casara conmigo, no que se burlara de mí como mi papá lo hizo con mi madre. Eso era lo que realmente anhelaba de la vida.

> *Recuerdo que mami nunca me habló sobre el sexo, o sobre las intimidades que ocurren entre un hombre y una mujer.*

Para mí, el matrimonio garantizaba la felicidad. Una vez casados, a una el marido la tenía que respetar por ley. Y si no era así, entonces, ¿para que servía el matrimonio? Suena lógico, ¿no? Mucho más cuando en aquellos días los mayores no se sentaban a explicarle a sus hijos absolutamente nada. Solo lo que veíamos o vivíamos se convertía en nuestra enseñanza. En fin, sé que quieren saber lo que sucedió después. Nada menos que esta niña, su servidora, ¡empezó a engordar!

A pesar de mi edad, siempre fui bien alta, pero en aquel entonces empecé a desarrollar en mi cuerpo algo más de músculos y senos. Mami descubrió, sin que yo me diera cuenta, lo que me estaba pasando. Y entonces me preguntó: «¿Cora, tú no tendrás algo que compartir conmigo? ¿Qué pasó entre tú y ese muchacho, tu novio?» Yo sabía que habíamos hecho muchas cosas. Pero eso que mis amigas me habían dicho que era necesario para que un bebé naciera, ¡NO! Eso no lo habíamos hecho, no hasta que nos casáramos, ¡porque luego él me podía dejar sola con mi bebito, y de eso nada!

¡Hay Dios mío! ¿Habrán chiquitas tan tontas como yo en esta época? Espero que no, pero si todavía existen: ¡Deténganse! ¡Háganse respetar! No a medias, sino por entero. No hagas nada que pueda dañar tu reputación, creyendo que se puede jugar con fuego. El hombre que de verdad te ama sabrá esperar por ti sin traspasar los límites de la moral.

Ese mes no tuve mi período menstrual, algo que no me era extraño porque a mí no me venía el período con regularidad. Tampoco para mi madre fue una sorpresa. Siempre estaba anémica, y mi ciclo menstrual era irregular. La única diferencia era que en esta ocasión tenía una criatura de tres meses en mi vientre.

Imagínense, hasta para el doctor fue una sorpresa, porque se dio cuenta de que efectivamente yo... era virgen. No era la primera vez que una joven llegaba con un caso así, pero sí era algo poco común. Nos explicó cómo una mujer puede salir embarazada sin que haya habido una relación sexual completa, la importancia de no jugar con fuego. Pero ya era demasiado tarde porque... ya estaba embarazada.

La importancia de no jugar con fuego.

En casa ya no existía la figura paterna. Mamá adoraba a mi novio. Él me había dado más de lo que papá jamás le dio a ella. Entonces, ella nos preguntó qué queríamos hacer. «¡Adelantaremos la boda! ¡No existe ningún problema! ¡Yo la amo!», contestó mi novio con más experiencia y años que yo. En ese momento, vibrando de emoción, me dije a mí misma: «¡Ay, me está sucediendo como en las telenovelas!» ¡Que feliz me sentí ese día! Yo solo pensaba en qué hombre más correcto, noble, responsable, bello y maravilloso me había tocado. Él se lo informó a su familia. Pero desdichadamente, su madre... no estaba de acuerdo en que fuera yo la que se casara con su hijo.

Mi suegra alegaba que yo era muy joven. «¡Solo tiene diecisiete años». Él tenía veintidós. A la larga, la barriguita que estaba creciendo se alió al dilema. Pero la gota gorda que derramó el vaso la puso una de mis primas, que le comentó a mi futura suegra una mala expresión que yo había dicho acerca de ella. Y eso empeoró aún más nuestra relación.

¡Luchamos contra viento y marea, pero nos casamos! Tuve que planear con dos amiguitas del colegio el día de mi boda. ¡No tenía experiencia en esas cosas! En casa nunca se había realizado una boda. Es más, jamás recuerdo haber asistido a ninguna celebración de este tipo en mi familia. La única boda que yo había visto era la de un amigo de mi novio. ¡Y me quedé fascinada! Así que las cosas que vi en esa boda pude recordarlas y recrearlas para así poder organizar la mía.

Recuerdo que compré tela y yo misma les hice los vestidos a mis hermanitas. Mi hermana que me sigue, Irma, fue mi dama de honor. No había dinero. Es costumbre en los países latinoamericanos que la familia de la novia corra con todos los gastos de la fiesta de boda. Y yo, solo tenía a mi madre trabajando en esa lavandería a sol y sombra. Estaba estudiando modistería para ganarme la vida, pues pensaba que cosiéndole a la gente iba a hacer dinero.

Mi madrina Aida fue mi inspiración para que aprendiera costura. Ella nos cosía nuestros vestiditos. Cada vez que iba a su casa a visitarla, siempre alguien estaba pagándole por su trabajo. Yo me decía a mí misma: «¡Qué tremendo y qué bueno está eso! Sobre todo, veía que en su estufa nunca faltaba algo de comer. Cada vez que íbamos donde mi abuelita, mi madrina Aida, quien vivía al lado de su casa, se presentaba con una sartén repleta de comida para nosotras en la mano.

¡Me sentía la mujer más feliz del mundo! Imagínense, tenía una profesión que me encantaba, y de pronto, también había conocido a mi príncipe azul. «Me quiere, y sé que me va ayudar con mis hermanitas. Lo que él me dé para mí, yo lo compartiré con ellas. Nos vamos a casar, y como en las novelas colorín colorado este cuento se ha acabado».

¡Yo no pienso como Él! Déjenme decirles: ¡Cuán mal estamos cuando no incluimos a Dios en nuestras vidas y creemos que «nos la sabemos todas»! Yo pensé. Creí que ya mi vida estaba resuelta. ¡Pensaba que el matrimonio era como un cuento de hadas! ¡Por fin nos casamos! Recuerdo que por cierto, nunca tuvimos luna de miel. Mi amado esposo me llevó a vivir a una barriada muy linda donde me había comprado una casita de tres recámaras, con sala, comedor y cocina.

Llegó por fin la noche tan esperada de mi boda, y yo, ya no sentía pena. ¿Saben algo? A mí nadie me hizo fiesta de despedida de soltera. Sé que hoy en día muchas mujeres compran sus camisones de noche de bodas con encajes y no sé cuantas otras cosas más. Pero mis camisones eran comunes y corrientes. A pesar de estar embarazada, mi amado esposo nunca me había visto totalmente desnuda.

> ¡Yo no pienso como Él! Déjenme decirles: ¡Cuán mal estamos cuando no incluimos a Dios en nuestras vidas y creemos que «nos la sabemos todas»!

Como les mencioné antes, nunca supe lo que significa tener una luna de miel. Lo único que supe fue que mi casita estaba muy linda, y que mis amiguitas me habían dicho que cuando hiciéramos el amor, las cosas iban a ponerse mejor. ¡Que entonces sí conocería el significado glorioso del amor!

¡Y qué luna de miel! Por respeto al padre de mis hijas, a quien admiro, y a quien he perdonado con todo mi corazón, no voy a profundizar en la parte intima de mi relación marital.

Pero ahora quiero detenerme para hablarles a esas jovencitas que ven novelitas rosas donde todo lo que ocurre termina como en los cuentos de hadas: en felicidad. Inclusive hasta a la muchacha provinciana que se casa con su galán adinerado. La Señora Vida nos pasea a todos sus visitantes por un largo camino adornado de rosas, pero con espinas. Si te casas sin amor, tan solo porque tienes el temor de quedarte soltera, o porque el chico que conociste es buen mozo, millonario, o de buena familia, sin tener la certeza de que ese es el hombre o la mujer que Dios tiene para ti: ¡Prepárate a sufrir!

Después de muchos años de tortura comprendí que el mundo no conoce verdaderamente lo que es el amor. ¡Tampoco conoce la felicidad! Sin embargo, el significado de estas palabras yo lo encontré en Jesucristo. Y todo hombre o mujer que no tiene una relación genuina con Dios, no sabe cómo cumplir sus promesas.

Mi príncipe azul, el hombre a quien admiraba y del que pensaba que era el ser más maravilloso del mundo, fue muy distinto al hombre que conocí cuando conviví con él. Y desdichadamente me falló, pero entiendo que... ¡yo también le fallé!

Pero entiendo que... ¡yo también le fallé!

PUNTOS PARA PENSAR:

Me sentí la chica más feliz del mundo. Para mí era lo máximo. Lo tenía todo.

No sabía nada de sexo. Lo único que quería era que mi novio me respetara y se casara conmigo.

Él me dio más de lo que papá jamás nos había dado.

No tuve mi período menstrual. Eso era algo común. La diferencia esta vez era que ya tenía tres meses de embarazo.

Llegó la boda. Allí empezó todo.

REFLEXIÓN:

Muchas veces algo que soñamos o anhelamos se transforma en lo que dirige nuestras acciones, y creemos que si todo se desarrolla como lo imaginamos, ya alcanzamos los sueños.

No hagas nada que pueda dañar tu reputación creyendo que se puede jugar con fuego.

¡Cuán mal estamos cuando no incluimos a Dios en nuestras vidas y creemos que «nos las sabemos todas»!

No puedo basar mis decisiones en las emociones o experiencias de otros.

Si eliges a alguien por sus atributos visibles y no basándote en la perfecta voluntad de Dios: ¡Prepárate a sufrir!

CITAS BÍBLICAS:

¡Atrévase a escoger la vida!

Deuteronomio 30:19: «*Hoy pongo al cielo y a la tierra por testigos contra ti, de que te he dado a elegir entre la vida y la muerte, entre la bendición y la maldición. Elige, pues, la vida, para que vivan tú y tus descendientes*».

Romanos 12:2: «*No se amolden al mundo actual, sino sean transformados mediante la renovación de su mente. Así podrán comprobar cuál es la voluntad de Dios, buena agradable y perfecta*».

Capítulo IV
¡DESOLADA, EN MEDIO DEL ABANDONO Y DE LA DESESPERACIÓN!

«Lo escuché en la letra de una balada:
Entonces yo daré la media vuelta...»

Al cabo de unos meses, mi esposo y yo comenzamos a distanciarnos. La voz anónima de una misteriosa mujer había tomado la costumbre de insultarme cada vez que respondía el teléfono. No entendía por qué mi esposo le había dado mi número telefónico a esa otra mujer. Él negaba a toda costa su adulterio. Y desde entonces, mi vida se convirtió en un calvario donde el sufrimiento reinaba y el dolor se burlaba de mí. La sombra del perdón insistía en mantenerse distante de mi amargada vida.

> Él negaba a toda costa su adulterio.

Una noche, en otra de sus innumerables llegadas tarde, lo puse en la disyuntiva de escoger entre su amante y yo. Nadie me había enseñado esto, y él jamás me lo insinuó. Sin embargo, lo vi en una escena de una novela de televisión, y también lo escuché en la letra de una balada romántica por la radio: «Entonces yo daré la media vuelta, y me iré con el sol, cuando muera la tarde». Y así mismo hice, creyendo que me iba a preferir a mí por ser mucho más joven que la otra mujer. Él había sido el único hombre que me había tocado. Y yo era la madre de su hija. Pero me equivoqué, porque me abandonó.

Me quedé sola, con mi hermosa princesita, Vanessa. Estaba llena de complejos y de resentimientos. Abundaba en mi corazón la pena y el dolor. Creía que cuando una mujer se casaba, todo le salía bien. Que no la abandonaban.

En aquel momento no podía comprender lo que me estaba pasando. Pero ahora amigos, puedo decirles que yo... comprendo lo que siente una mujer abandonada.

Una vez escuché a alguien decir que la mujer divorciada sufre más que la viuda, y enseguida me coloqué en su lugar. Conocía muy bien el papel de abandonada. La mujer que enviuda, aunque está adolorida, sabe que el Señor, el Padre Todopoderoso, se llevó a su marido, sabe que se fue con Él. Sin embargo, la abandonada sabe que se terminó la relación con su esposo, y piensa que su marido la repudió, que escogió a otra mujer porque era mucho mejor. Pensamos que nuestro esposo no nos quiso más. Siempre nos viene la duda: «¿En qué fallé? ¿Por qué se fue? ¿Me querrá todavía? ¿Será que no supe ser mujer?» Y los pensamientos vagan por nuestra mente hasta que nos hundimos en la depresión. ¡Qué mentira! ¡Qué engaño más grande!, pero mientras yo aprendía a desenmascarar las mentiras de Satanás, la vida marchaba sin detenerse.

> «¿En qué fallé? ¿Por qué se fue? ¿Me querrá todavía? ¿Será que no supe ser mujer?»

Un día, sin esperarlo, mi marido regresó, pero nunca me pidió perdón. Solo sé que regresó. Mi corazón no cabía dentro de mí. Sin embargo, al año siguiente me abandonó de nuevo, y tuve que pedir pensión alimenticia. A él se le olvidaba y nos traía tarde el dinero para los gastos. Por otro lado, yo no sabía cómo se hacían los manejos de la casa. Tuve que aprender a desenvolverme tomando el ómnibus. Aprendí a pagar el agua, la luz, la casa, la comida.

¡Dios mío, yo no sabía hacer nada de eso! ¡Todo lo hacíamos juntos! Acompañaba a mi marido, pero me quedaba esperando por él en el carro. Fue mi maestro. Nunca antes había hecho ninguna de esas tareas. Sin él, sentía que mi vida no valía la pena. Y fue en esa reconciliación que concebimos a mi princesa, mi segundo tesoro, Yhovanna.

Quiero detenerme para decirles, mis amados lectores, que si tuviera que volver a vivir todas estas dolorosas experiencias, al lado del mismo hombre que tanto me hizo sufrir, solo para que sus genes me dieran dos bellas nenas como Vanessa y como Yhovanna, las volvería a vivir sin ni siquiera hacer un reproche. Porque si algo debo agradecer a Dios del hombre con el cual me casé, fue el haberme bendecido con estas dos niñas que engendró. Mis hijas son lo mejor que mi esposo pudo darme de sí.

¡Sin duda alguna que valió la pena! Nació mi bebé, pero al año mi esposo se marchó definitivamente. Las veces anteriores que se había ido siempre quedaba algo de él en casa; sin embargo, en esa ocasión se llevó todo lo que le pertenecía. Y me dijo: «Tú puedes vivir en la casa con las niñas, pero cuidadito se te ocurra meter aquí a otro hombre. De lo contrario, vas a tener que irte de esta casa». Me quedé muy molesta con eso de que el hombre sí puede, pero la mujer no. Tenía que demostrarle a él que también podía valerme por mí misma.

> *Cuidadito se te ocurra meter aquí a otro hombre.*

Sentía la necesidad de que otros hombres me miraran, de que me enamoraran. Me miraba en el espejo de mi recámara y me decía a mi misma, detallando con mis manos cada una de las partes de mi cuerpo y recogiéndome luego el cabello: «¡Yo no soy fea!», y me ponía mis mejores ropas. Entonces, cuando salía a la calle, le sonreía a los hombres que me ignoraban, para llamar su atención. Pero todavía así, me sentía fea.

Un día vi a la mujer por la cual mi esposo me abandonó. Era una mujercita insignificante y bien fea. ¡Era una mujer vulgar!

Desde entonces, una idea peor se metió en mi cabeza. Si por ese tipo de mujer me había dejado mi marido, yo era una verdadera basura. La otra mujer hasta caminaba mal. Así que, ya se pueden imaginar todos los complejos que se originaron en mí. El enemigo estaba dándose conmigo tremendo festín. Me decía a mí misma: «¡Nadie te quiere Coralia! ¡La verdad es que tú eres bien fea! ¡Y es por eso es que tu marido te abandonó! ¡Por eso nadie se molesta en mirarte!»

Me lo creí todo. No sabía qué hacer con mi vida. No conocía aún del cuidado de Dios. ¡De su incondicional amor! Hasta que un día en medio de la sala de mi casa, me sentí abrumada por la confusión que da la depresión, y vinieron muchas ideas a mi mente que pusieron a volar mi imaginación. Ahora puedo decirles que ese día lo que ocurrió fue todo una guerra espiritual, donde mi Señor ganó la batalla. Por mi mente cruzó la espeluznante idea de buscar una botella de queroseno que tenía escondida en casa. Tuve la funesta idea de prenderle fuego a la sala de mi casa.

> *No conocía aún del cuidado de Dios. ¡De su incondicional amor!*

Sin embargo, lo que realmente sentía dentro de mí era un complejo de inferioridad. Sentía al rojo vivo, clavadas intensamente en mi corazón, las puñaladas de la decepción, la tristeza y la desolación. Tengo que admitir que no me quería morir. Sabía que mis hijas estaban en su cuarto, que los vecinos iban a descubrir el incendio y que me podrían salvar de quemarme. Pero también sabía que podrían llamar a mi esposo, y pensaba que él, al darse cuenta de lo sucedido, iba a recapacitar y a reconocer que sus niñas y yo lo necesitábamos.

«¡No era justo! Yo lo había conocido primero que ella. ¡Él era mío y tenía que volver conmigo!» ¡Cuántas mentiras existían dentro de mi alma! Me sentía tan lastimada y tan ofendida, que en ningún momento me detuve a pensar en la confusión y en el inmenso dolor que podía haber ocasionado en el corazón de mi esposo. ¡Solo había pensado en mí!

Quiero aprovechar este momento para exhortar a todas las mujeres del mundo que de una forma u otra pueden estar pasando por una situación similar. Busquen al Señor, pongan su lucha y su dolor en sus manos. Les garantizo que el Señor nivela nuestras emociones. En 1 Corintios 13, el apóstol Pablo nos dice que «*El amor ... no es egoísta*».

Ahora lo entiendo todo muy bien. Yo le recordaba a mi marido su fracaso. Me dejaba llenar la cabeza de basura por esas mujeres que estaban siendo usadas por el mismísimo diablo. ¡Cuántas veces ambos nos gritamos y nos ofendimos! Él me era infiel con todas las mujeres que se le presentaban, y yo lo insultaba al descubrir su infidelidad. Para mí, esa era mi única arma de guerra. No conocía otra manera de defenderme. Y lo peor era que creía que estaba haciendo lo correcto.

Sin embargo, gracias a Dios por el Espíritu Santo. Entre esos pensamientos de incendiar mi casa, también llegó otro muy diferente. Una tarde, saliendo de la escuela bien temprano, pues en el país se celebraba una festividad, recuerdo que una compañera nos invitó a su iglesia. Mis compañeras de colegio y yo, por no tener algo mejor que hacer, y por no llegar temprano a la casa, aceptamos la invitación.

Fuimos a la iglesia, y al entrar a ese lugar, la gente estaba orando, llorando y gritando. Yo estaba aterrorizada, incluso dentro de mi dije: «¡Qué feo espectáculo! ¡Qué gente más vulgar! ¿Cómo pueden rezar así dando alaridos? Algunos lloran, otros cantan, otros se ríen. ¡Hay Dios! ¡Que gente más loca! La verdad es que yo no tengo nada que hacer aquí».

> «*¡Qué feo espectáculo! ¡Qué gente más vulgar!*

¿Pero cuántos de ustedes saben que la Palabra de Dios no vuelve vacía? En medio de esa nube de confusión vino a mí la imagen de aquella iglesia. De pronto, sentí un ánimo sobrenatural que me levantó del sofá como un resorte, alisté a mis dos niñas, me peiné, me vestí rápidamente, y me fui a la parada a esperar por el autobús.

Durante el trayecto, mis ojos no se apartaban de la ventanilla del ómnibus, buscando desesperadamente aquella iglesita. Quedaba cerca del colegio donde cursé mi secundaria. ¡Necesitaba encontrar esa iglesia! Sentía que esa podía ser mi última esperanza. Quería llorar como esos «locos». ¡Quería reír y gritar! Deseaba comportarme como uno de ellos, sin importarme por primera vez en la vida lo que la gente pudiera pensar de mí. Existía un gran dolor dentro de mi corazón. Y me parecía que en ese lugar, Dios me iba a ayudar.

Solo las personas que hemos tenido un encuentro personal con Dios podemos testificar de la obra confortadora del Espíritu Santo. Dios es real y existe tal como dicen las Escrituras. Y su Espíritu es el Consolador. Es el mismo Dios, representado por la tercera persona de la Trinidad, que viene a rescatar a sus hijos. ¡Y hasta que finalmente la vi! ¡Encontré la iglesia de esa gente! «¡Déjenos aquí!», le grité al chofer parándome del asiento. Me bajé con mis dos bebitas y caminamos. ¡Hasta que llegamos!

¡Ese día se convirtió en el más feliz de mi vida! Los creyentes estaban orando, llorando, y hablando en lenguas extrañas que no podía entender. Sin embargo, yo también quería hacer lo mismo que ellos en esa ocasión. Dejé de criticarlos. Y de pronto, cuando escuché las palabras del pastor... era como si alguien le hubiera contado todo por lo que yo estaba atravesando. «¡Esto es increíble!», me dije a mí misma. Al final dijo algo que me terminó de cautivar: «Aunque mi padre y mi madre me abandonen, el Señor me recibirá en sus brazos» (Salmo 27:10). ¡Ustedes se imaginan eso! ¡Había alguien que me recogería! ¡Tal y como soy! A mí me habían abandonado. Necesitaba oír esas palabras. ¡Dios lo sabía! Y me lo dijo a través de aquel bendito pastor.

> *¡Ustedes se imaginan eso! ¡Había alguien que me recogería! ¡Tal y como soy!*

Esa misma noche acepté a Jesús como mi único Señor y Salvador. Fue el 1 de junio de 1976, meses después de que mi esposo me hubiera abandonado.

Yo no pienso como Él, esos no eran mis planes. Quería disfrutar de la vida. Demostrarle a mi esposo que yo era alguien. Que valía la pena. Que asimismo como él tenía mujeres, yo también tenía mis pretendientes.

No entendía lo que me estaba sucediendo. Solo sabía que algo dentro de mi interior había cambiado. ¡Me despertaba feliz! Me arreglaba temprano. Tenía nuevas metas. Y dentro de esas metas algunas eran de Dios y otras eran de mi naturaleza carnal.

Quería que alguien me viera y se enamorara de mí. Quería casarme con un hombre cristiano. Pensaba que faltaba un hombre en mi casa. Que eso era lo que significaba ser feliz y vivir en familia. Por lo tanto, Dios tenía que dármelo, o por qué no, regresarme a mi marido. Concentré todas mis energías en lograr tener a un hombre conmigo. Comencé a afanarme. Y fue en ese mismo momento que mi esposo decidió pedirme el divorcio.

No podía entender cómo el Señor podía permitir que me sucediera algo tan doloroso como eso. ¡Ahora sí se marcharía de verdad! Y yo... me iba a quedar sola, igual que mami, con mis dos criaturitas. Mi marido me traicionó de la manera más baja y ruin que nunca pude imaginar. Pidió el divorcio usando testigos falsos que se prestaron a mentir. Él podía hacer cualquier cosa porque tenía dinero.

> *¡Ahora sí se marcharía de verdad! Y yo... me iba a quedar sola, igual que mami, con mis dos criaturitas.*

Y yo ni siquiera trabajaba. Era una mujer ingenua y sin malicia. No sabía que pudiera existir gente tan baja y tan despreciable. Y mucho menos que esa traición viniera, precisamente, del hombre a quien yo más amaba, y en quien más confiaba en la vida.

Un día me enfermé y tuve que irme de emergencia al hospital. Cuando usé mi tarjeta de seguro con mi nombre de casada, la enfermera no me podía encontrar. Sin embargo, cuando le di el nombre de mi esposo, a él si lo pudieron encontrar. Fue así como me enteré de que había cambiado mi nombre de la póliza de seguro. El nombre de su nueva esposa ahora ocupaba mi lugar.

Era muy difícil todo aquello que me estaba sucediendo. Estaba buscando a Dios y confiando en Él. Amigos, ¿cuántas veces se han sentido como yo? Por eso le puse este título a mi libro: «Yo no pienso como Él». ¿Quién me diría a mí que Dios tiene poder para transformar mi lamento en baile? ¿Qué en medio de las pruebas del dolor humano no nos deja solos, y que usa todo eso en beneficio de nuestras vidas?

Así es como dice en las Escrituras en Romanos 8:28: «*Sabemos que Dios dispone todas las cosas para el bien de quienes lo aman, los que han sido llamados de acuerdo con su propósito*». *Van a encontrar que cito mucho este versículo en el transcurso de esta historia*. ¡Pero no puedo evitarlo! Se ha hecho parte de mi vida.

Se dan cuentan, yo había sido llamada. Él me llamó cuando nadie me miraba, cuando sentía que no valía nada y no tenía a nadie. No podía darme cuenta de que precisamente eso fue lo que Él usó para hacerme sentir completa e importante. Y de que para Él significaba mucho, porque de la nada me tomó para hacerme a su imagen y semejanza.

Le sonreía a los hombres, me fijaba en los dedos de sus manos para ver «si sus deditos estaban en el bando del cáncer». Así les digo a mis hijas en una forma jocosa para describir a los hombres casados. ¡Pero no hallé a nadie! Me enojé más con Dios cuando se me acercó una hermana en la iglesia quien, al contarle mi testimonio, me dijo: «No continúes buscando a más nadie porque los divorciados... ¡no pueden volver a casarse! ¡Cori, tienes que buscar más de Dios! ¡Ayuna! ¡Ora! ¡Dobla las rodillas! ¡Y si todavía sientes esos apetitos carnales por los hombres, pídele a nuestro Señor que te los quite! Y si no, ya sabes, ¡aguántate, que con el tiempo se te quitarán!»

Qué distinto es el amor de Dios. Él conoce nuestros sentimientos. Ha puesto en nosotros esas emociones porque el amor proviene de Él. Dios llegó a mí, y no me mandó a aguantarme, sino que con sus brazos de amor me enseñó un camino mejor. Y hoy por hoy me deleito en el Señor. Y sé que en Él… ¡estoy completa!

No sé cuál es tu condición. Si eres soltera, divorciada, viuda. Quizás convives con alguien, pero aún así te sientes sola. Te aconsejo que le entregues a Dios todas tus dolencias. Todas tus frustraciones. ¡Todas tus soledades! No hay una base o una explicación directa, pero sí te puedo asegurar que podrás sentir gozo. ¡Y sobre todo, podrás sentir que en él, estás completa! *«Busquen primeramente el reino de Dios y su justicia, y todas estas cosas les serán añadidas»* (Mateo 6:33).

Para mí fue muy frustrante ser una mujer joven y divorciada dentro de la iglesia. Los testimonios que escuchaba de los hermanos eran de gente que habían tenido una vida terrible. La mayoría habían tenido una vida llena de muchos fracasos y adversidades. «Tuve muchas mujeres». «Estuve con varios hombres». «Era adicto a la droga». «Violé». «Maté». Y con todo eso, la iglesia les aplaudía.

> *Para mí fue muy frustrante ser una mujer joven y divorciada dentro de la iglesia.*

Sin embargo, yo no tenía derecho a volverme a casar, solo por el hecho de haberme casado joven y virgen, y sin saber que había firmado mi divorcio inconscientemente, enredada en una maraña de engaños. Me parecía injusto tener que vivir sola el resto de mi vida.

«Señor, ¿por qué no permitiste que yo hubiera tenido varios hombres? Que hubiera vivido la vida. Que hubiese hecho todo lo que me hubiera dado la gana, y luego, al igual que mis hermanos famosos, te hubiera conocido. Entonces hubiera podido testificar, y volvería a tener la oportunidad de casarme. ¡De rehacer mi vida!»

Desdichadamente, el pueblo de Dios perece por falta de conocimiento, y el enemigo lo manipula con mucha mentira. Al fin y al cabo, él es el padre de la mentira, y sabe hacerlo muy bien. Sin embargo, hoy doy gracias a Dios Padre por mi Cristo, que nos llamó a ser libres, y Él es el camino, la verdad, y la vida, y nadie llega al Padre sino es a través de Jesús.

La felicidad y el amor no se encuentran en un hombre o en una mujer. ¡Se encuentran en Dios! Él es la felicidad. Es la misma esencia del amor. Sí, ¡Dios es amor! La Biblia lo dice así, y yo lo creo. ¡Soy feliz! Tengo luchas. Tengo pruebas, pero sé en quien confiar y esperar.

> *La felicidad y el amor no se encuentran en un hombre o en una mujer. ¡Se encuentran en Dios!*

Dios me dio hermanas y hermanos espirituales que fueron de bendición para mi vida. También puso personas claves cerca de mí. Una hermana llamada Xiomara de Gómez se convirtió en mi madre espiritual, aconsejándome con la Palabra y dándome de comer en muchas ocasiones. Antes del divorcio, y durante todo el tiempo en que mi marido estuvo viviendo con su amante, él se olvidaba de pasarnos la pensión alimenticia. Recuerdo que el esposo de la hermana Xiomara, Francisco Gómez, muchas veces salía del trabajo y pasaba por su casa para recoger lo que su esposa había cocinado y nos lo traía.

Edilma Tamargo, la diaconisa de la iglesia, fue mi líder espiritual. No solamente oró por mí, sino que me ayudó a conseguir mi primer y segundo mejores trabajos. Sé que fue Dios quien la usó. Ella me recomendó para que me entregaran la aplicación de trabajo. Yo no sabía cómo llenarla, y ella dedicó su tiempo para hacerlo. Me llevó en su carro, me esperó, y a los pocos días conseguí trabajo con el gobierno de los Estados Unidos de América.

Cuando un panameño conseguía trabajo con ellos, eso era algo grande. El salario mínimo en Panamá era bien poco, pero al trabajar para los Estados Unidos se ganaba mucho mejor. Dios en su misericordia me lo dio. Y así sucesivamente puedo decirles que lo que yo no entendía en mi vida fue tomando otra forma. También tuve un líder maravilloso que me gustaría mencionar, David Guerra, que vio en mí una líder cuando ni yo misma sabía ni entendía lo que Dios quería hacer en mi vida. Es por eso y por mucho más que siempre digo... yo no pienso como Él.

PUNTOS PARA PENSAR:

Una noche, en otra de sus innumerables llegadas tarde, lo puse en la disyuntiva de escoger entre su amante y yo.

«¿En qué fallé? ¿Por qué se fue? ¿Me querrá todavía? ¿Será que no supe ser mujer?»

Cruzó por mi mente la espeluznante idea de buscar una botella de queroseno que tenía escondida en casa.

Pensaba que faltaba un hombre en mi casa. Que eso era lo que significaba ser feliz y vivir en familia.

Me enojé más con Dios cuando se me acercó una hermana en la iglesia quien, al contarle mi testimonio, me dijo: «No continúes buscando a más nadie porque los divorciados...¡no pueden volver a casarse!

Me parecía injusto tener que vivir sola el resto de mi vida.

REFLEXIÓN:

Si tuviera que volver a vivir todas estas dolorosas experiencias, al lado del mismo hombre que tanto me hizo sufrir, solo para que sus genes me dieran dos bellas nenas como Vanessa y como Yhovanna, las volvería a vivir.

Quiero aprovechar este momento para exhortar a todas las mujeres del mundo que de una forma u otra pueden estar pasando por una situación similar. Busquen al Señor, pongan su lucha y su dolor en sus manos.

¿Pero cuántos de ustedes saben que la Palabra de Dios no vuelve vacía? En medio de esa nube de confusión vino a mí la imagen de aquella iglesia.

Esa misma noche acepté a Jesús como mi único Señor y Salvador.

Se dan cuentan, yo había sido llamada. Él me llamó cuando nadie me miraba, cuando sentía que no valía nada y no tenía a nadie.

La felicidad y el amor no se encuentran en un hombre o en una mujer. ¡Se encuentran en Dios!

CITAS BÍBLICAS:

Busque la voluntad de Dios

Salmo 40:8: *«Me agrada, Dios mío, hacer tu voluntad; tu ley la llevo dentro de mí».*

Eclesiastés 8:2: *«Obedece al rey, porque lo has jurado ante Dios».*

Eclesiastés 8:3: *«No te apresures a salir de su presencia. No defiendas una mala causa, porque lo que él quiere hacer, lo hace».*

Capítulo V
UN RETO A LA VIDA

«Ahora puedo decirles con toda seguridad que si no le entregamos al Señor nuestras heridas, podemos odiar con la misma intensidad que amamos».

El trabajo era en una base militar y solo se hablaba en inglés. Necesitaban una cajera. Ellos llamaban ese lugar *«Liquor Store»*, que es como se dice licorería en inglés. Fui a la entrevista y casi no le entendía nada a las secretarias que me entrevistaron. Sin embargo, ellas fueron preparadas por Dios para darme aquel empleo. Quiero que sepan que una de ellas le dijo a la otra: «Vamos a dejarla. ¡La pobrecita va a durar en este lugar menos de lo que canta un gallo!»

Tuve que juramentar la bandera de los Estados Unidos. Y ya sabrán que yo balbuceaba. Nunca antes había escuchado el juramento. Sin embargo, cuando nos atrevemos a confiar en Dios, Él nos da la capacidad que necesitamos para enfrentar lo que nos venga por delante. Tal como lo dice Pablo en Filipenses 4:13: *«Todo lo puedo en Cristo que me fortalece»*. Y ocurrió que aquellas secretarias tuvieron que bajar sus miradas avergonzadas antes tales palabras de burla, porque no estuve trabajando solo dos días en la tienda de licores, sino estuve allí por cuatro años.

Fue maravilloso. No tenía que humillarme ante nadie reclamando una pensión alimenticia. Cuando mi ex esposo traía el dinero le daba la gloria a Dios, y si se demoraba, también. Los hermanos no tenían que estar pendientes de nosotras como antes porque mi Dios suplía nuestra alimentación con el sudor de mi frente. Y con la frente muy en alto, sin nada de que avergonzarme, porque una mujer no tiene que prostituirse para poder levantar a sus hijos. Con Jesús, todo es posible.

En la iglesia a la que asistía, los divorciados ocupábamos un segundo lugar. Los hermanos nos habían condenado a vivir solos por el resto de nuestra existencia. Los llamados ministeriales no eran para nosotros. Según ellos no teníamos testimonio. Solo los hermanos bien casados podían ministrar y hablar de Dios.

Dios quiere que seamos ejemplos con nuestras vidas para honrar su nombre. Es cierto, y quiero dejarlo bien escrito, que el matrimonio es de Dios. Lo que Dios unió, que no lo separe el hombre. Pero también estoy persuadida de que a las personas que

> Dios quiere que seamos ejemplos con nuestras vidas para honrar su nombre.

llegamos a sus pies trayendo a cuesta el dolor del divorcio, Él no las hecha fuera. Su amor es inmenso y puro. Nos redime del pecado. Dios es misericordioso. Y aplica misericordia a quien quiere, sin doctrina de hombre, porque la misericordia es de Él.

A través de los años he comprendido y amo a todas las personas que intervinieron en mi vida de esa forma, porque comprendí que era el cuidado de Dios para conmigo. Observo también cómo algunos cristianos abandonan a sus esposas y a sus hijos en nombre de la libertad, con lo cual tampoco estoy de acuerdo. Todos los extremos son malos.

Hablando un día con mi Dios le pregunté: «Señor, si es cierto que debo salir de ese trabajo, te pido que me envíes una señal. Yo sé que es un buen trabajo, pero así como un día tú mandaste un cuervo para dar de comer a Elí, te ruego que me indiques qué hacer. Quiero una señal». ¿Y saben qué?, vino una señal, pero no era de Dios. Sin embargo, en aquel entonces yo no sabía eso.

En mi país salió un anuncio por todas partes donde decía que una gran cantidad de personas solteras y de familias estaba saliendo para Canadá en un gran éxodo. Todos iban en búsqueda de cambios, de una nueva vida. Se decía que en ese país estaban ofreciendo trabajos, vivienda y residencia. Había una gran escasez de trabajadores jóvenes, y por eso abrieron esas oportunidades. Y de Panamá, estaba saliendo un gran número de panameños. ¡Ay, allí estaba mi señal! ¡Qué cosa más grande! ¡Mejor no podía ser! No tan solo iba a tener un buen empleo, sino también el Señor me ofrecía la oportunidad de viajar y salir del ambiente de mi vecindad, donde todos me conocían como «la señora de Gordon». Aún después de que mi ex esposo se volviera a casar, en el barrio siempre me seguían llamando por mi nombre de casada. ¡Algo que tanto me lastimaba!

Entonces hablé con mami y le conté lo que planeaba hacer. Luego se lo conté a mi hermana Elena, a quien respeto mucho por su relación con Dios. Después a mis otras dos hermanas. Ellas querían verme triunfar, pero no querían que me alejara de la familia. Imagínense, para mí era algo de locos. Yo seguía siendo la misma joven inexperta, pero ahora, estaba segura de mí misma. Después de haber aceptado ese empleo sin saber nada, y de haber permanecido durante tantos años en él, nadie podía decirme que en Cristo no somos más que vencedores.

> Después de haber aceptado ese empleo sin saber nada, y de haber permanecido durante tantos años en él, nadie podía decirme que en Cristo no somos más que vencedores.

Para mí, Filipenses 4:13 es real: «*Todo lo puedo en Cristo que me fortalece*». Ahora tenía valor, y sentía que nada, absolutamente nada, podía impedir que buscara lo que Dios tenía para mí.

Al día siguiente hablé con el padre de mis niñas y le conté mis planes. Él había escuchado sobre la oferta de Canadá. Apareció en todos los periódicos. No le agradó la idea al principio. Entonces le expliqué las condiciones, que por algún motivo le fueron gustando, y las aprobó. No obstante tengo que ser sincera, sé que toda la vida él ha amado a sus hijas, pero cuando se camina en pecado, el mal prevalece sobre el bien. Es por eso que Pablo nos dice en Romanos 7:15: «*No entiendo lo que me pasa, pues no hago lo que quiero, sino lo que aborrezco*». Yo entendiendo eso, por lo que pude perdonarlo y aprendí a no juzgarlo, orando siempre por él y pidiéndole a Dios que nunca permitiera que el odio entrara en mi corazón.

Ahora puedo decirles con toda seguridad que si no le entregamos al Señor nuestras heridas, podemos odiar con la misma intensidad que amamos, y transmitirlo a nuestros hijos. Doy gracias al Señor de que me dispuse a perdonar y a amar tal como dice la escritura en Mateo 18:21-22: «*Pedro se acercó a Jesús y le preguntó ... Señor, ¿cuántas veces tengo que perdonar a mi hermano que peca contra mí? ¿Hasta siete veces?*» Entonces el Señor le contestó: «*No te digo que hasta siete veces, sino hasta setenta y siete veces*».

Me siento libre. Y le pido a Dios todos los días que me dé la capacidad de caminar en sus caminos con la frente en alto, sin nunca volver atrás. Por eso cuando el Señor empezó a inquietarme sobre mi trabajo. ¡Fue difícil! Empecé a pelear. Le decía: «Señor, si eres tú, quiero obedecerte. Pero mira que si dejo mi empleo tendré que volver atrás. Y tú me dices, Señor, que no me has traído hasta aquí para volver atrás. Mira que tu Palabra dice que nos llevarás de triunfo en triunfo. Señor, dime que no eres tú. No he conseguido esposo. Estoy sola. Me das un buen trabajo, y ahora... ¡me pides que lo deje!»

Me acordé de un sueño que había tenido cuando tenía tres meses en el Señor. Fue un sueño donde alguien me hablaba a través de Isaías 54. Esa mañana me alegré tanto que fui a la casa de mami a contarle lo bueno que era Dios conmigo dándome ese sueño. Vi todo clarito, se trataba de Isaías 54:11-17. Hablaba sobre cimentarme con turquesas y zafiros. Que pondría mis ventanas de rubíes, mis puertas de joyas brillantes, y todos mis muros de piedras preciosas. También me prometía que mis hijas iban a ser enseñadas por Él. Imagínense mis queridos lectores. La Palabra es clara y dice que el pueblo perece por falta de conocimiento. Le dije a mami: «Hazme un favor. No quiero que los hermanos de la iglesia me critiquen más. Ellos no van a creer en mi sueño. Cómprame el número cincuenta y cuatro en la lotería». Le conté a mami el sueño, y ella me lo combinó para comprar los cuatro números, ya que con dos no pagaba tanto. Así que compré el cincuenta y cuatro en la lotería.

Doy gracias a Dios de que durante varios meses compramos el famoso número y no salió. Luego me llamaron del trabajo, y en algún momento pensé que de eso se trataba mi transformación, ya que mi vida cambió repentinamente y en casa empezaron a cambiar las cosas. Mis niñas y yo, gracias a ese trabajo, vivíamos mejor. Y a través de los años vimos la mano de Dios.

Por eso cuando oía la voz de Dios que me indicaba que era tiempo de dejar ese empleo, no lo entendía. En mi mente decía: «Señor, tú no das algo para luego quitarlo». Dentro de mí había algo incierto y mucha confusión. Es verdad que los pactos de Dios son eternos. Él no juega con los sentimientos de nadie, pero ¡cuán lejos estaba de la verdad central de Dios! ¡Yo no pienso como Él! Y la confusión seguía. ¡Qué malo es cuando queremos creer en las cosas que nos convienen, en lo que más nos agrada y atamos la voz de Dios! No nos damos cuenta de que es una forma secreta de abrirle la puerta al diablo en nuestras vidas. Y es peor aún cuando le pedimos señales tontas.

Me puse en acción. Y empecé a venderlo todo. Al menos, todo lo que me pertenecía, ya que siempre mi ex esposo me hizo saber que la casa era de él. Y que cuando las niñas crecieran, se la tenía que devolver. Así que puse las cosas que pude en venta, y me las fueron comprando todas. Al precio en que vendí las cosas prácticamente las estaba regalando. Pero en mi mente nuevamente estaba creyendo lo que yo quería creer. Me decía a mí misma: «¡Qué tremendo, ya lo vendí todo! ¡Esta es la señal! ¡Mi viaje a Canadá es cosa de Dios!» Les decía a mis hermanitas: «Miren, ya tengo el dinero para comprar los tres boletos». Renuncié a mi trabajo. ¡Por fin pude hacerlo! Ahora lo pienso y me da vergüenza. Es fácil obedecer a Dios con condiciones y respuestas. A nuestra manera. ¿Verdad?

Los hermanos de la iglesia me hicieron una despedida. La noticia corrió como pólvora: «¡La hermana Coralia y sus hijas también se marchan para Canadá!». En la escuela de mis hijas, que por cierto era una escuela privada, también sus maestros les hicieron despedidas en sus salones. En fin, todo estaba saliendo muy bien, y compramos los boletos.

> *Renuncié a mi trabajo. ¡Por fin pude hacerlo! Ahora lo pienso y me da vergüenza. Es fácil obedecer a Dios con condiciones y respuestas. A nuestra manera. ¿Verdad?*

Siempre he sido muy romántica, y decidí escribirle una carta al padre de mis hijas dándole las gracias por los años que viví en su casa y por otras cosas más. Y el último día antes del viaje, sentada en la casa donde viví por tantos años, donde pensé que había logrado la felicidad eterna y luego lloré tantas lágrimas, y donde también mis niñas recibieron la bendición, la misericordia y la sanidad de Dios, entre alegrías y lágrimas, sonó el teléfono y... ¡sucedió lo inesperado!

«*Mis caminos y mis pensamientos son más altos que los de ustedes; ¡más altos que los cielos sobre la tierra!*» (Isaías 55:9). Sí, sonó el teléfono, y del otro lado estaba Patricia Prado, una hermana de la iglesia que me quería mucho: «Coralia, ¿cómo estás? ¿Qué estas haciendo?», me dijo. «¡Estoy bien! Aquí, terminando de limpiar la casa», le contesté. «¿Podemos ir a tu casa?», me preguntó ella. «¿Podemos quienes?», le dije. «Dos jóvenes de la iglesia y yo», contestó, dándome luego el nombre de ellos.

Mi respuesta fue que no, diciéndole que ya estaba saliendo. Algo dentro de mí temblaba. Por nada del mundo quería quedarme ni un minuto más en esa casa. Era el último día en ese lugar. Tenía por delante un futuro nuevo. Algo en mi interior me decía que pasaba alguna cosa extraña. Y yo no quería escuchar nada negativo. Ella replicó: «Los hermanos de la iglesia, y yo queremos enseñarte algo bien importante. No te vayas de allí. Por favor, no nos vamos a demorar».

Ciertamente la iglesia a la cual estaba asistiendo y sirviendo no quedaba lejos de la casa. Les dije que los esperaba. Terminé de colocar algunas cosas en mi carro, porque hasta un vehículo Dios nos había dado. Mis niñas y yo no teníamos que andar en bus. Amados, ¡qué grande es Dios! Si les hubiera detallado sus bendiciones, sé que muchos no leerían el libro por lo largo. Mi deseo es que este libro llegue a muchas almas que andan confundidas como lo estuve yo. Y sepan que mi Dios es real y que vive.

Me senté, y mientras hablaba con mis dos hijas y mi hermana Lidia, que siempre me acompañaba en todo, llegaron los jóvenes que estaba esperando. Abrí la puerta. Nos saludamos como siempre se saludan los hermanos en Cristo, con besos y abrazos, pero algo serio estaba pasando. Esos brazos se sentían muy fuertes, pero sus rostros estaban tristes. No tenía que tener mucho discernimiento para saber que lo que estaba pasando no era nada bueno.

Le pregunté qué pasaba a Patricia, la hermana que me había llamado. Su respuesta fue directa: «Siéntate Cora, y lee este periódico». Leí el periódico. No entendí nada, o mejor dicho, no quise entender. Y entonces todos dijeron a una voz: «¡Ya no te puedes ir mañana!» Les repliqué: «¿Qué? ¿Ustedes están locos? ¡Ya vendimos todo! ¿Ustedes están viendo la casa? ¡Está vacía! Se vendió todo. Y los boletos de salida son para mañana. Las niñas y yo nos vamos mañana. ¿Me entienden muchachos? ¡Y no me gusta este chistecito! ¿OK?» Y al fin, armándose de coraje, la hermanita me dijo: «El General Noriega ha dado la orden de que ningún otro joven panameño, y mucho menos profesional, salga del país para Canadá, ¡desde hoy en adelante!

No tengo palabras para expresar lo que sentí en ese momento. Mi vida toda se desmoronaba en cosa de segundos. Yo no tenía nada. Todo lo había vendido o regalado. Ya

Mi vida toda se desmoronaba en cosa de segundos. Yo no tenía nada. Todo lo había vendido o regalado. Ya no tenía trabajo. Las niñas estaban fuera del colegio.

no tenía trabajo. Las niñas estaban fuera del colegio. Le había devuelto la casa a mi esposo en la carta que le escribí. Asistí a muchas fiestas de despedida. Todo el mundo sabía que me iba para Canadá. Rápidamente, di rienda suelta a mi mente, pensaba en las críticas y en las burlas. «¡Ay, cuando los vecinos lo sepan! Van a preguntarme lo mismo que le preguntaron sus amigos a Job, el de la Biblia. ¿Dónde está tu Dios?»

¡Cuántas cosas pasaron en tan solo unos segundos por mi mente! Volví a convertirme en la mujer pobre de espíritu y abandonada. Se me olvidaron todas las bendiciones y promesas que Dios me había dado, a mí y a mis hijas. Que rápido olvida uno, que rápido se deja atrapar por los pensamientos llenos de mentiras y por las emociones guiadas por el corazón que es engañoso y perverso, más que todas las cosas. Tal cual lo dicen las Escrituras. De mis labios salían reclamos. Cuestionaba a Dios. Le pregunté: «¿Por qué? ¡Si yo oré, Señor! Si te pedí señales, y tú... me las contestaste todas. Vendiéndose todo rápido».

Amados, ¡cómo nos engañamos y tomamos las cosas a la ligera, según nos lo indican nuestros pensamientos! Pero lo peor del caso es que acusamos a Dios de haberse equivocado. Y la historia se repite una y mil veces, nuestras señales, respuestas y oraciones se basan en lo que nosotros queremos, no en lo que Dios realmente tiene para nosotros. Pero esas malas decisiones tienen sus consecuencias, y hay que pagarlas.

> *Amados, ¡cómo nos engañamos y tomamos las cosas a la ligera, según nos lo indican nuestros pensamientos! Pero lo peor del caso es que acusamos a Dios de haberse equivocado.*

Fue fuerte para mí. Tenía que salir de esa casa y volver a vivir en la de mi mamá. En su casa no existían muchas camas. Teníamos que dormir en el piso. Bajábamos un colchón que mamá tenía extra sobre el colchón de su cama. Desde los diecisiete años, cuando salí de su casa, empecé a tener lo mío. ¡Dios me había bendecido! Nadie tenía que darme ofrendas. Yo ofrendaba a otros. Ahora no entendía lo que estaba sucediendo. Esta era la peor pesadilla de mi vida. Pasaban los días y los días, y sentía que nadie me entendía. Algunos hermanos me tenían lástima, algunos simpatizaban conmigo. Otros no podían entender cómo una cosa como esta me había pasado a mí. Me cuestionaban si realmente había orado. Me decían: «¡Eso pasa cuando uno se deja llevar por las emociones!» Sentía como si se burlaran de mí y estaba abochornada. En esos momentos es cuando más estamos expuestos a los golpes. Y es entonces cuando solo el Espíritu de Dios nos sostiene, aunque no lo merezcamos.

Y en medio de esa confusión comenzamos a caminar en un valle de sombra de muerte. ¡Tenía que salir adelante! Algo me decía que tenía que seguir viviendo, ¡pero aún no lograba entender! ¿Y saben qué? No todo el tiempo vamos a entender a Dios. Pero sí puedo decir que en ese entonces aprendí algo maravilloso. «Aunque ahora yo no lo entienda, siempre confiaré en Él, porque su amor por mí es tan grande que jamás me hará daño. Aunque mi corazón se desgarre de dolor en el momento, al pasar del tiempo... veré fruto apacible».

No tenía algo mejor. Sabía que la casa de mamá era el mejor lugar para estar. Y aunque a mami le daba mucha pena conmigo por la pérdida de mis muebles y de mi casa, su corazoncito rebosaba de felicidad. Su hija mayor y sus únicas nietas se quedaban. Siempre tuvo temor de que nos fuéramos. Como madre al fin, ella no quería que su hija se marchara de Panamá.

Estábamos incómodas, pero sentíamos el respaldo de mis queridas hermanas. Ellas no sabían qué hacer para consolarnos. Sus dos sobrinas llorando, y la hermana mayor desesperada. Cuando asistí a la iglesia, mi cuerpo estaba en el culto, pero mi mente se hallaba a millas de distancia. Mis niñas lloraban de la pena que sentían con sus amiguitos. Muchas veces me pidieron que las pusiera en un colegio nuevo donde la gente no hablara de ellas con lástima o burla.

Una mañana, llorando en el cuarto de mi hermana, reconocí y confesé a Dios mi error. Me arrepentí. Sucedió tal y como lo dice las Escrituras. Un corazón contrito y humillado jamás despreciará Dios. Fue entonces cuando dejé que el Espíritu de Dios pudiera ministrarme.

«¡Yo y nadie más que yo fui la culpable!» Le puse condiciones a Dios. Le pedí señales. Y todas las veces era yo misma la que me contestaba. Yo y solo yo me dejé enredar por el enemigo. Porque fui yo la que le abrió la puerta. En ese momento entendí bien claro que a Dios no se le exige nada. A Dios se le pide. Y si es su voluntad, Él nos lo da. Pero si lo que pedimos no está en su voluntad, no lo da, e igual sigue siendo Dios. Y algo muy importante, cuando Dios nos pide algo, debemos obedecerlo, porque Él se goza en la obediencia de los suyos. Es por eso que usted y yo estamos aquí, porque Él obedeció, y obedeció hasta la muerte sin replicar ni un solo momento. Yo no únicamente desobedecí, sino también puse mis condiciones. Sin embargo, el amor de Dios es incondicional.

> *«¡Yo y nadie más que yo fui la culpable!»*

PUNTOS PARA PENSAR:

«¡La pobrecita va a durar en este lugar menos de lo que canta un gallo!»

En la iglesia a la que asistía, los divorciados ocupábamos un segundo lugar.

Renuncié a mi trabajo. ¡Por fin pude hacerlo!

Ahora lo pienso y me da vergüenza. Es fácil obedecer a Dios con condiciones y respuestas. A nuestra manera. ¿Verdad?

Mi vida toda se desmoronaba en cosa de segundos. Yo no tenía nada. Todo lo había vendido o regalado. Ya no tenía trabajo. Las niñas estaban fuera del colegio.

Sabía que la casa de mamá era el mejor lugar para estar.

Reflexión:

Una mujer no tiene que prostituirse para poder levantar a sus hijos. Con Jesús, todo es posible.

Dios quiere que seamos ejemplos con nuestras vidas para honrar su nombre.

Mi deseo es que este libro llegue a muchas almas que andan confundidas como lo estuve yo. Y sepan que mi Dios es real y que vive.

Tal cual lo dicen las Escrituras. De mis labios salían reclamos. Cuestionaba a Dios.

«¡Eso pasa cuando uno se deja llevar por las emociones!» Sentía como si se burlaran de mí y estaba abochornada. En esos momentos es cuando más estamos expuestos a los golpes. Y es entonces cuando solo el Espíritu de Dios nos sostiene, aunque no lo merezcamos.

Una mañana llorando en el cuarto de mi hermana reconocí y confesé a Dios mi error. Me arrepentí.

Citas bíblicas:

Dios no puede ser burlado

Eclesiastés 8:12: *«El pecador puede hacer lo malo cien veces, y vivir muchos años; pero sé también que le irá mejor a quien teme a Dios y le guarda reverencia».*

Eclesiastés 8:13: *«A los malvados no les irá bien ni vivirán mucho tiempo. Serán como una sombra, porque no temen a Dios».*

Capítulo VI
¡HAGAMOS LAS PASES CON DIOS!

«Me equivoqué. ¡Mi alma necesita a Cristo!»

Comencé a buscar de nuevo a Dios. No únicamente iba a la iglesia, sino también prestaba mucha atención a los programas evangélicos de la televisión. Yo quería que Dios me hablara. Fuera como fuera. No iba a dejar de amarlo, pero reconozco que necesitaba ministración. Mi espíritu gritaba a grandes voces: «¡Me equivoqué! ¡Me equivoqué! ¡Mi alma necesita de Cristo!» Entonces llamé por teléfono a las oficinas del club PTL, en unas de las cuales trabajaba un gran hombre de Dios, el Reverendo José Silva.

El Reverendo y su esposa, Esilda Silva, han sido desde que los conocí una tremenda bendición para mí. Fue maravilloso el día que llegué a esa bendita oficina. Estaba temblando, llena de vergüenza y de dolor. Cargando sobre mis hombros todo el peso de mi error. ¡Queriendo aceptar mi culpa!

«¡Sí soy culpable!», gritaba mi corazón. ¡Y como acusa el corazón, como nos confunde! Le conté todo al Reverendo Silva. Y de los labios de

> *«¡Sí soy culpable!», gritaba mi corazón.*

ese siervo no salió ni un reproche. ¡Me escuchó! Se identificó conmigo. Me entendió. ¡Yo no podía creerlo! Y como si fuera poco, cuando me despedía de él, por fin pude decir las cosas tal como las sentía. Y nunca me reprendió.

Me dijo: «Coralia, detente, Dios quiere hablarte. ¡Hay una palabra para ti!» Y comenzó a decirme la profecía mandada por Dios para mí. Entonces me puse de rodillas. Era tan fuerte la presencia de Dios que el Reverendo puso su mano sobre mi cabeza y el Señor comenzó a hablarme a través de él.

Me dijo tantas cosas a través del Reverendo Silva, que no logro recordarlas todas. Pero sí recuerdo el versículo de Isaías 55:9: «*Mis caminos y mis pensamientos son más altos que los de ustedes; ¡más altos que los cielos sobre la tierra!*», el cual inspira este libro. «Vienen días buenos para ti y para ustedes. Saldrás a tierras lejanas, y yo estaré contigo dondequiera que vayas, no temas, yo estaré con ustedes y les voy a usar». Sin embargo, dudé en mi corazón. Pensé que aquellas palabras de amor fraternal me las decía aquel hombre porque sentía compasión de mí.

A la semana siguiente, el Reverendo Rogelio Quintero, otro siervo a quien estimo mucho, me invitó a predicar en su iglesia. Y fue allí donde el Señor me confirmó su palabra. Lo mismo que me había hablado a través del Reverendo Silva, me lo confirmó a través del Reverendo Rogelio Quintero. ¡Hay que alivio! Ahora Dios sí estaba en el asunto. Y aunque ustedes no lo puedan entender: ¡Estaba asustada! ¡No lo podía creer! Pero era Dios con sus manos de amor y de misericordia quien esta vez me estaba hablando... ¡y dando una nueva oportunidad! Y fue en ese mismo momento que dejé de dudar. Desde ese día tomé la decisión firme de obedecer y de servir al Señor. La Palabra de Dios no miente. Él dice en su Palabra que sus ovejas oyen su voz y la reconocen. Y fue cuando Dios tuvo misericordia de mí que se abrió la puerta que de antemano me tenía preparada.

Sentí un profundo temor al pensar que tendría que preparar de nuevo mis maletas para mudarnos al extranjero. Y es que ya no era una niña para darme el lujo de continuar cometiendo errores. Las adversidades de la vida dejan huellas, temores y frustraciones que únicamente el Señor puede quitar, pero solo si se lo permitimos. Me fui a casa, oré, y recuerdo que le dije a mi Señor: «Padre, si esto de la profecía es cierto, por favor, ábreme puertas. Señor, ahora comprendo que fue mi culpa. Dame una salida a este problema». Mientras más le pedía una respuesta a Dios, más acudía a mi corazón esta canción: «Yo sé que Cristo siempre me ayudará, si consagro todo a Él y si soy su sierva fiel. Yo sé que Cristo siempre me ayudará». Y a la tercera semana recibí la llamada de unos hermanos en Cristo que vivían en Miami, Florida, en los Estados Unidos, eran Jaime y su querida esposa, Verna Murrell.

No me explicaba cómo ellos se enteraron de la situación embarazosa que estaba atravesando. Verna me saludó calurosamente, luego puso al teléfono a su esposo, Jaime Murrell, quien naturalmente, me dio un saludo muy afectuoso. Y al poco tiempo de estar conversando, no demoró en hacer un comentario sarcástico: «Cora, ¿qué te pasó? Me dijeron que te ibas para el Canadá. ¿Ya no te vas?» El eco de aquella risita burlona me cayó bien mal. Inmediatamente le contesté seca: «¡No!» Entonces me preguntó: «¿Y ahora, qué piensas hacer?» Le dije abruptamente: «Mira, mejor... ponme a tu esposa». Y en esta ocasión se echó a reír. «¡Ya nos contaron tu dilema!» Yo tenía unas ganas horrendas de contestarle mal. Pero doy gracias al Señor por el dominio propio que me dio en aquel entonces. Porque hubiera estropeado el plan profético que Él tenía para mi vida. Incluso la risa de mi gran hermano y amigo estaba en el plan de Dios para transformar mi vida.

Cuando Verna pasó al teléfono me contó acerca de la gravedad de una hermana muy querida para mí que tenía cáncer terminal. La hermana Cristina Obers había hablado con mi amiga Verna acerca de muchas cosas, lo cual no supe que había hecho hasta después que murió. Le pidió a Verna que si yo no llegaba a verla viva cuando llegara a los Estados Unidos, que me ayudaran en todo lo que pudieran, porque ella sabía que mi vida iba a cambiar radicalmente en este país.

Quiero hacer un paréntesis para decirles que Cristina vivió en Panamá durante el tiempo que fui presidenta del Concilio Misionero Femenino. Durante este período de mi vida, Cristina me tendió la mano en muchas ocasiones en las que observaba alguna necesidad en mí y en mi familia. Fui su líder, me tocó darle espiritualmente de gracia lo que de gracia Dios me había dado. A pesar de que salió de Panamá con su esposo, Monsieur René, para vivir en los Estados Unidos, nunca se olvidó de mí por un instante. En honor a ella, doy gracias a Dios por los años que le permitió vivir en la tierra bendiciendo a muchas mujeres como yo. Y ahora, entrego este honor a su hija Denise y a su esposo René.

> *Nunca se olvidó de mí por un instante. En honor a ella, doy gracias a Dios por los años que le permitió vivir en la tierra bendiciendo a muchas mujeres como yo.*

Cristina no sabía por qué razón no me mudaba para los Estados Unidos y empezaba aquí una vida nueva. Y aprovechando la ocasión de que los doctores la habían desahuciado, y sabiendo ella muy bien que esta vez no iba a decir que no, me mandó a decir con Verna que quería que yo viniera a acompañarla para estar a su lado hasta el momento de su muerte.

Tratando de consolarme, Verna me dijo lo siguiente: «Cora, supimos todo lo que te sucedió, pero recuerda que a los que amamos a Dios todas las cosas nos ayudan a bien». Yo en mi mente me decía: «Otra vez ese versículo que les gusta tanto a los hermanitos que no entienden del dolor humano». Y no me quedó más remedio que escucharla. Luego dijo: «Cora, la hermana Cristina quiere que vengas a Miami y vivas con ella. Así podrá hablar con alguien, tener con quien leer». Necesitaba escaparme por un rato. Los hermanitos de la iglesia ya me tenían agobiada con sus preguntas. Y entonces le contesté a Verna: «Claro que sí. ¡Voy para allá! Me voy esta misma semana».

Una hermana, llamada Coralia como yo, que también quería mucho a nuestra hermana Cristina, me acompañó. Al día siguiente quedamos en encontramos en el Consulado de los Estados Unidos. Se me pusieron las manos frías, pero sentía que era mi gran oportunidad. Me acordé inmediatamente de la profecía dada por el Reverendo José Silva, en la que me garantizó que todo iba a salir bien. Entonces me decidí por completo. Antes de vestirme, llamé a mi mamá y a mis hermanas para hacerles partícipes de mi decisión.

Mi mamá me miró sorprendida. En su mirada pude inmediatamente adivinar su pensamiento: «¡Hay no Señor... de nuevo no!» Mis hermanas me miraban profundamente a los ojos, anonadadas, como queriendo saber lo que el futuro tenía preparado para mí. ¡Pero yo estaba decidida! Absolutamente nada iba a cambiar mi decisión. Y les dije: «Por favor, cuídenme a mis niñas por seis meses. Voy a aprovechar la invitación de mi amiga. Oren por la hermana Cristina. Sé que Dios me va a usar para sanarla. Quizás, por qué no, esta sea para mí una nueva oportunidad. Quizás allí me case de nuevo. Y consiga un trabajo mejor». En realidad, yo quería salir de ese lugar. Me sentía atada. Ya estaba cansada de que los vecinos me siguieran llamando la señora de aquel hombre a quien tanto amé. Pero por quien fui tan humillada y traicionada.

Ansiaba que la vida me diera una nueva oportunidad en el amor. Reconocía que ambos habíamos fallado. Con el pasar del tiempo entendí que no supe pelear por mi matrimonio. No hubo alguien que me guiara acerca de lo que la Palabra dice del matrimonio y del amor. Por otro lado, el Señor me estaba sacando del trabajo donde estuve por muchos años. Y aparte de querer ir a Miami, la hermana Cristina me preocupaba. Yo la quería con todo mi corazón. Pero también veía aquel viaje como un escape de mi realidad o quizás como el comienzo de un mundo mejor. Cuando por fin llegamos al Consulado, a mi amiga Coralia le entregaron la visa, no obstante, a mí me la negaron.

Cuando por fin llegamos al Consulado, a mi amiga Coralia le entregaron la visa, no obstante, a mí me la negaron.

«¿Cómo era posible, si Dios me había hablado, que aquello me estuviera ocurriendo de nuevo?» Pasaron por mi mente los chistes y las burlas de los hermanos. Lloré delante de toda la gente que me miraba extrañada, porque no sabían de mi verdad. Solo dije: «Oh Señor, esto no puede ser. ¿Por qué, si he orado como nunca?». Entonces le dije a mi tocaya: «Cora, voy a regresar al Consulado». Y ella me respondió: «No, Cora. Eso no puede ser». Pero yo le dije: «Todo lo puedo en Cristo que me fortalece».

De nuevo en el Consulado una americana me preguntó en inglés: «Señora, ¿puedo ayudarla? ¿Puede dejar de llorar?» Levanté mi mirada y encontrándome con la de ella, le respondí: «Tengo una hermana en Miami que está muy enferma. Tiene cáncer terminal. Y los doctores no le dan mucho tiempo de vida». Se lo dije todo en inglés, mientras me secaba las lágrimas con una servilleta casi despedazada. Pero ella me miraba y me miraba. De pronto me dijo: «Creo que nos hemos visto en algún lugar». Yo no me acordaba de ella. Sin embargo, me dije a mí misma: «Señor, esta es mi gran oportunidad. Ayúdame a recordarla. ¡Ayúdame Dios!» De repente ella me dijo: «Tú... tú eres la mujer que trabaja en la tienda de licores. En el lugar donde siempre voy a comprar mis galones de vino». Y de forma extraordinaria, inmediatamente, vino a mi mente el rostro de aquella señora. «¡Claro que la conozco!» Nos reímos un rato, y luego me dijo: «Dame acá ese pasaporte». Y comenzó a anotar algo en él. Empecé a ponerme contenta. El Espíritu de Dios me estaba llenando de fe y de paz. Al terminar de escribir, me miró con una tierna sonrisa y dejó escapar estas palabras que nunca olvidaré: «Te conseguí salida del país por tres meses. No te preocupes. ¡Tienes mucha suerte!»

Yo le dije: «¿Suerte?» Y pensé: «Eso fue lo que tuve cuando conocí a Cristo y le pedí que entrara a mi corazón». Qué hermoso es comprobar que en medio de las pruebas, cuando no vemos nada, cuando no se vislumbra absolutamente nada, algo bien grande, pero bien grande, se levanta dentro de ti y te dice: «¡Tú no estás sola! Yo tengo todo bajo mi

«¡Tú no estás sola! Yo tengo todo bajo mi control. ¡Tú eres mía! Me perteneces, y nunca te dejaré ni te desampararé».

control. ¡Tú eres mía! Me perteneces, y nunca te dejaré ni te desampararé». Miraba a mi alrededor. Miraba a mi tocaya Coralia. No salían palabras de mi boca. Solo le sonreía. Era tiempo de guardar silencio. Y con toda mi mente, con todo mi ser, glorificar, exaltar y escuchar al que vive y reina por los siglos de los siglos: Jehová de los ejércitos. Mi buen pastor. El Santo de Israel. Mi buen Señor Jesús.

¿Y saben qué? Entre todas las cosas, también me acordé de aquel versículo que el Señor le dijo a Marta y María: «*¿No te dije que si crees verás la gloria de Dios?*» (Juan 11:40). En mí había alegría y gozo. El experimentar la fidelidad de Dios produce gozo, victoria, alegría, satisfacción y muchas otras cosas que no sé como explicar. Pero sí les digo con el corazón en la mano que es maravilloso vivir con una esperanza en este mundo cruel y saber que Él no piensa como yo o como usted. Sus pensamientos siempre están sobre nuestra realidad, porque su realidad es otra.

Cuando la señora me entregó el pasaporte sonriente, me deseó suerte, y yo le di las gracias con un abrazo. Pero creo que hice mal, porque había mucha gente mirándonos, incluso personas a las que como a mí, también les habían negado sus visas. Mi tocaya Coralia caminaba detrás de mí diciéndome: «Muchacha, la verdad que te admiro. ¡Qué fe! ¡Esto es un milagro!» Y por fin pude hablar respondiéndole: «¡Claro que sí! ¡Es un milagro! Los milagros todavía existen».

Coralia y yo nos subimos a mi carro, que por cierto ya tenía un comprador. Esa persona iba a darle el dinero a mi hermana Irma cuando me fuera. Pero como no se lo llevó, lo seguí usando, pero reconociendo que no me pertenecía. Así que también tengo que darle gracias a Dios porque me dio transporte hasta el último día que estuve en Panamá. El dueño del carro me fue de tremenda bendición, porque me lo pagó antes de venirme a Miami, y con ese dinerito pude resolver algunas cosas que estaban pendientes.

No encontraba las palabras correctas para hablar con mis hijas. Hasta que por fin me armé de valor y decidí conversar con ellas:

«Tengo que marcharme a Miami» ¡Vani y Yhovi abrieron sus ojitos bien grandes! «No me las puedo llevar conmigo ahora, pero les prometo que pronto las vendré a buscar. ¡Me quedaré en Miami el tiempo suficiente para ayudar a Cristina! Regresaré tan pronto Dios me lo permita». De repente, los ojitos de Vanessa se comenzaron a inundar de lágrimas. Y los de Yhovanna me miraron con una mirada que no podía soportar. Sentía un nudo en mi garganta. Y entonces dije lo siguiente: «Vamos a orar de la siguiente manera. Señor, si es tuyo todo esto, abre puertas. Si no es tuyo Señor, cierra las puertas y bota las llaves». Las despedidas son siempre tristes, aunque uno sepa que Dios está en control, siempre existe el dolor de la separación física. Hablé con mami nuevamente y con mis hermanas. En fin, empecé a arreglar mis maletas. Y en menos de dos semanas mi tocaya Coralia y yo estábamos sentadas en un avión rumbo a la conocida ciudad de... Miami.

> *Las despedidas son siempre tristes, aunque uno sepa que Dios está en control, siempre existe el dolor de la separación física.*

PUNTOS PARA PENSAR:

Estaba temblando, llena de vergüenza y de dolor. Cargando sobre mis hombros todo el peso de mi error. ¡Queriendo aceptar mi culpa! «¡Sí soy culpable!», gritaba mi corazón.

Ahora Dios sí estaba en el asunto. Y aunque ustedes no lo puedan entender: ¡Estaba asustada! ¡No lo podía creer!

Y entonces le contesté a Verna: «Claro que sí. ¡Voy para allá! Me voy esta misma semana».

Ansiaba que la vida me diera una nueva oportunidad en el amor. Reconocía que ambos habíamos fallado.

Las despedidas son siempre tristes, aunque uno sepa que Dios está en control, siempre existe el dolor de la separación física.

REFLEXIÓN:

Me dijo: «Coralia, detente, Dios quiere hablarte. ¡Hay una palabra para ti!»

Mientras más le pedía una respuesta a Dios, más acudía a mi corazón esta canción: «Yo sé que Cristo siempre me ayudará, si consagro todo a Él y si soy su sierva fiel. Yo sé que Cristo siempre me ayudará».

Me acordé inmediatamente de la profecía dada por el Reverendo José Silva.

Cuando por fin llegamos al Consulado, a mi amiga Coralia le entregaron la visa, no obstante, a mí me la negaron.

«¡Tú no estas sola! Yo tengo todo bajo mi control. ¡Tú eres mía! Me perteneces, y nunca te dejaré ni te desampararé».

CITAS BÍBLICAS

Cuán dulce paz es aquella que Cristo nos da

Salmo 37:4: «*Deléitate en el Señor, y él te concederá los deseos de tu corazón*».

Salmo 37:5: «*Encomienda al Señor tu camino; confía en él, y él actuará*».

Salmo 37:6: «*Hará que tu justicia resplandezca como el alba; tu justa causa, como el sol de mediodía*».

Capítulo VII
UNA MISIÓN DE «ÁNGEL»

«No esperaba eso de Dios».

Llegamos al Aeropuerto Internacional de Miami, y la familia Murrell nos estaba esperando. Estaban de lo más contentos, muertos de la risa. Mi amiga Verna siempre ha estado gozosa desde que aprendió que el gozo del Señor es nuestra fortaleza. Nos saludamos con un caluroso abrazo. Jaime cargó mi maleta y hablábamos mientras caminábamos hasta su carro. Nos subimos al auto, y sin darnos cuenta, absorbidos en nuestra conversación, llegamos a la casa de Cristina. Allí estaban sus nietos, y su hija con el esposo. También el esposo de Cristina. «¡Dios mío, ninguno en aquella casa me conocía!» La situación era bastante difícil porque yo tenía que dormir allí con mi amiga Coralia. Prácticamente éramos dos extrañas en la familia. Luego nos enteramos de que la hermana Cristina, la causante de este viaje, la que había hablado con Jaime y Verna para que viniera a Miami, había caído en coma.

> Nos enteramos de que la hermana Cristina, la causante de este viaje, la que había hablado con Jaime y Verna para que viniera a Miami, había caído en coma.

Allí estaba la hermana Cristina postrada en su cama. ¡Aquello era impresionante! No lo podía creer. Ella ya no era la misma persona que conocí en Panamá. El cáncer la había consumido. Estaba flaquita. Se encontraba tendida en aquella cama de su habitación, completamente... en coma. Lentamente, su hija se le acercó y le susurró al oído: «Mami aquí está la hermana que tanto estabas esperando. ¡Tú amiga Coralia!» Y de pronto, en ese instante, abrió grandemente los ojos. Nunca en la vida había experimentado algo así. Cristina había abierto nuevamente sus ojos, después de tanto silencio. Me miró, y a través de esa mirada pude adivinar su pensamiento: «Voy a darle una sorpresa a Cora. ¡Me sentaré! ¡Sí me sentaré!» Y trató con todas sus fuerzas de levantarse, pero sin obtener ningún resultado, se dejó caer de espaldas sobre la cama. Yo, con la voz entrecortada, cerrando mis puños fuertemente para aguantarme las lágrimas, le dije: «No te preocupes. Tenemos mucho tiempo por delante para hacer algo». Me sonrió y se quedó tranquila.

Minutos más tarde, la familia Murrell se retiró. Y al poco tiempo, su hija nos hospedó en una recámara. Allí pude orar y utilizar mi cabeza. Fue entonces cuando se me ocurrió la gran idea de ungir a la hermana Cristina con aceite y reclamar su sanidad. Así que se lo informé a su familia, y decidimos hacerlo temprano por la mañana. Llamé a Verna Murrell para que viniera a acompañarnos, pero ella oró con nosotros por teléfono.

Me sentía como uno de esos grandes siervos de Dios que imponen sus manos y oran para que los enfermos se sanen. En el cuarto estaba la hija de Cristina, su esposo, la enfermera, mi tocaya Coralia y yo. No recuerdo si había alguien más. Solo sé que oré con todo mi corazón. ¡Y la hermana Cristina estaba consciente! Ella levantaba sus manos. ¡Era impresionante! Se sentía fuertemente la presencia de Dios. Creía con firmeza que Él iba a hacer un milagro. Y empezamos a cantar un coro. ¡Aleluya! Surgió así, de repente. Abrí un ojo y observé que mi hermana Cristina tam-

> *Me sentía como uno de esos grandes siervos de Dios que imponen sus manos y oran para que los enfermos se sanen.*

bién estaba cantando. Se le veía mover los labios. Mientras tanto, yo apretaba mis ojos con más fuerza. Sentía que algo bueno iba a suceder. De pronto, mientras cantaba, sentí que alguien me tocó el hombro. Y le dije: «Sí, sí, dime...» Abrí los ojos y miré hacia la cama donde descansaba mi querida amiga Cristina. Ella se veía tranquila. Su rostro gozaba de una inmensa paz. Pero sus labios ya no se movían. Pensé: «¡Se durmió!» Y entonces la enfermera, mirándome con una triste sonrisa, me dijo: «¡Acaba de partir!»

¡Me quedé helada! No podía creerlo. Eso no es lo que estaba esperando de Dios. No estaba orando por eso. «¿Cómo pudo pasar una cosa así? ¿Qué dirá ahora su familia de mí?» ¡Yo les había pedido que oráramos, que algo bueno iba a suceder! «¿Y ahora qué?» Ninguno en esa familia era amigo mío. Ahora tendría que regresar a Panamá inmediatamente. Tendría que volver a ver la cara de lástima de mis hermanos en Cristo, de mis amistades, y quizás hasta escuchar sus murmuraciones. «¿Dios mío, por qué?» No lo entendía. Me dolía profundamente el alma. Me sentía frustrada y abandonada. Los pensamientos negativos venían a mi mente por montón. No le permití al Espíritu de Dios ministrarme. Yo era la ofendida. Yo era la que cuestionaba. ¡Él me había fallado! Probablemente castigado. No lo sé. No entendía lo que me estaba pasando. Solo sé que el mundo entero se había derrumbado a mis pies.

> «¿Y ahora qué?» Ninguno en esa familia era amigo mío. Ahora tendría que regresar a Panamá inmediatamente.

¡Cuán lejos estaba yo de la verdad de Dios! ¡De sus planes! ¡De sus cuidados! ¡De su protección! Entendí que definitivamente... yo no pienso como Él. Si tan solamente dejáramos que nuestro Dios guiara nuestras vidas. Si entendiéramos que Él jamás se pone en contra nuestra para lastimarnos. Que cuando todas estas cosas suceden es porque es tiempo de quedarnos quietos y escuchar su voz. También es tiempo de llorar y quebrantarnos. ¿Cómo no hacerlo si somos humanos? Él lo sabe, y precisamente por eso nos dejó al Consolador. Tal como dice Pablo en Romanos 8:27: «*Y Dios, que examina los corazones, sabe cuál es la intención del Espíritu, porque el Espíritu intercede por los creyentes conforme a la voluntad de Dios*». Y aunque nosotros creamos que somos malos y culpables, todo aquel que ha recibido al Señor en su corazón y hace todo lo posible por vivir una vida santa, es santo. Sí, porque es a través de su sangre, de esa bendita sangre que Él vertió sobre la Cruz del Calvario, que somos limpios de todo pecado.

Yo no entendía nada de lo que me estaba pasando. Sé que a muchos de ustedes les ha pasado como a mí. Nos desesperamos y pensamos muchas cosas sin saber que el plan de Dios, que nos parecía malo en ese momento, realmente era maravilloso. Y es solo a través del tiempo que podemos testificar que Él nunca llega tarde, y que todo lo tiene bajo su control.

Cuando me calmé, Dios me mostró todo mi egoísmo. La hermana Cristina ya no estaba sufriendo. Ella, probablemente, le pidió permiso al Creador para poder esperar a que yo llegara. Murió acompañada de todas las personas que tanto amaba. Cantaba junto a nosotros, todos unidos, al Rey de reyes y Señor de señores. Su familia quedó impactada de la forma en que Cristina enfrentó su muerte, porque testificó hasta el último instante de su vida de aquel en el que había confiado.

El recuerdo de la partida de Cristina, la forma tan maravillosa en que se marchó con el Señor, quedó en la mente de toda su familia. Todos los que estaban allí supieron que algo celestial había pasado. Alguien de parte del Padre Celestial había venido a llevársela. Cristina partió feliz, rodeada de su gente. «¡Dios mío, perdóname! ¿Cómo no lo pensé antes?» Me dolía intensamente su partida. ¡Era mi gran amiga! Pero también pensaba en mí, en la posición embarazosa en la que me había quedado. Era como si eso fuera más importante para mí que la voluntad de Dios. Ciertamente reconozco que su amor para nosotros no tiene límites. Le conté a mi tocaya Coralia cómo Dios me había hablado, y que ya sentía paz. Ahora solo faltaba esperar el entierro del cuerpo de mi querida amiga Cristina, porque su alma, ciertamente, estaba en la presencia del Señor.

Cora sonrió y me dijo: «Claro que sí». Nos abrazamos y lloramos, pero ya no de tristeza sino de quebrantamiento delante de la vida, entendiendo que es Dios quien da y quien quita. Nos fuimos a dormir. Y a la mañana siguiente, nos levantamos temprano para irnos al sepelio. La familia lo tenía todo bien preparado. Ellos estaban esperando su partida, así que el entierro ya estaba listo.

Quiero detenerme para decirles que aquella casa se transformó a raíz de la muerte de Cristina. La familia estaba tranquila. Su hija me bautizó con un nuevo nombre. Me comenzó a llamar: «Ángel». Me dijo: «Tú fuiste ese ángel que Dios envió a nuestra casa para que mami se fuera feliz. Ella quería verte. Y te vio. ¡Sonrió! Luego se acostó. Oró. Cantó. ¡Y partió con Dios! Ciertamente, tú eres un ángel». ¿Se imaginan como me sentí? De burlada, abandonada y decepcionada, fui promovida a la posición de ángel. ¡Yo, la que no entendía nada! ¡Y qué bueno que no todo el tiempo lo vamos a entender! Lo importante es confiar y creer que Dios es bueno, y que para siempre es su misericordia.

Dios tenía un propósito con mi vida. Al igual que también lo tiene con la suya. Todo lo que estaba pasando conmigo, y todo lo que está pasando con usted tiene un propósito de parte de Dios. Así como dicen las Escrituras en Romanos 8:30: «*A los que predestinó, también los llamó; a los que llamó, también los justificó; y a los que justificó, también los glorificó*». ¡Qué tremendo! ¡Qué maravilloso! Dios siempre está a nuestro lado, y nosotros siempre nos estamos quejando. La verdad es que solo un Dios como Él nos puede amar como nos ama, como dice un coro que se canta mucho: «Su obstinado amor».

La hija de Cristina me pidió que dijera algunas palabras de aliento en el entierro. Nunca antes me había tocado esa clase de ministración. Me dijeron que Jaime Murrell iba a cantar algunos coros. El pastor de la iglesia donde ella asistía mandaría a otro pastor en su representación. «¿Qué iba a decir?» De nuevo busqué la respuesta del Señor. «¿Y ahora que digo?» No hubo respuesta, pero sentí paz. Y sabía dentro de mí que las palabras vendrían, ya que esa paz solo Dios la puede dar. Si en mí había paz, entonces todo estaba bajo control.

En la urna yacía el cuerpo de Cristina. Estaba bien vestidita. Adornada muy diferente a como ella fue en realidad. En mi mente recordaba a otra persona. Para mí la que estaba allí no era Cristina. Sin embargo, sabía que ya no la iba a ver nunca más. Que se había marchado con el Señor. Necesitaba coordinar mis pensamientos. Oré al Señor. No entendía lo que pasaba. Siempre todo me salía de una forma distinta. «Siento temor al pensar qué es lo que voy a decir, no vaya a salirme mal y quede avergonzada. ¡Por favor, ayúdame! Tu Palabra dice que ningún hijo tuyo quedará avergonzado. Y yo soy tu hija». Y era precisamente allí adonde Dios quería que yo llegara. A reconocer que por mí misma nada podía hacer. Que necesitaba poner todo en sus manos y descansar en sus promesas. Reconocer y recordar siempre que soy su hija y que Él quiere bendecirme.

Y era precisamente allí adonde Dios quería que yo llegara. A reconocer que por mí misma nada podía hacer.

Empezó la ceremonia, y el pastor encargado dio una bienvenida. Mencionó el motivo por el cual estábamos reunidos allí. Jaime Murrell cantó varios coros. Luego me presentaron mencionando que había venido con mi tocaya Coralia de Panamá. Y no me quedó más remedio que hablar con el corazón. Fluyó de mí palabra de vida. Yo misma quedé asombrada de lo que Dios puso en mi corazón. Su hija dio las gracias a todos los que estábamos allí. Oramos, y luego nos pidieron que nos retiráramos.

Esa tarde, Verna vino a recogernos para enseñarnos un poco la ciudad de Miami. No habíamos tenido tiempo de conocer absolutamente nada. Y fue en ese momento que Coralia y yo le pedimos a Verna el favor de hospedarnos en su casa. La verdad es que no quería regresar tan pronto, y mucho menos con una noticia así.

Coralia me miró a mí, y yo a ella. En realidad, las dos abrimos la boca al mismo tiempo: «¡Verna!» Y ella preguntó: «¿Esto qué es? ¿Un dúo? ¿Van a cantar?» Y las tres nos echamos a reír. Así se rompió el hielo. ¡Qué lindo es Dios! Le dije a Verna: «Tú sabes que nosotras no tenemos amistad íntima con la familia de

Cristina. Nos da pena molestarlos. Nos gustaría estar en tu casa unos días. Tan solo para no tener que regresar a Panamá tan pronto y aprovechar un poco el pasaje». Ella nos contestó enseguida: «Por mí no hay problema». Yo pensé: ¿Y entonces por quién habrá problema? Verna continuó hablando: «Lo único que ocurre es que mi apartamento es de dos cuartos. En uno duerme mi mamá, y precisamente en este tiempo tenemos a mi papá de visita. Y él duerme con mi mamá. Tamara, Jaime y yo dormimos en el otro cuarto. Así que tendría que conseguirles un colchón para que ustedes duerman en la sala. Si aceptan lo que tengo, por mí no hay ningún problema». Nos miramos y más rápido que ligero le dijimos: «¡Claro! No te preocupes. Mañana mismo cuando vayamos a desayunar le comunicaremos la noticia a la familia dándole las gracias. Y tú nos recoges cuando puedas». Verna, sin perder el control del automóvil, volteó su cara hacia nosotras, se sonrió, y nos dijo: «¡Está bien!» ¡Bendito sea Dios! Dios bendiga la vida de Verna grandemente, porque me brindó su apoyo y ayuda incondicional en el momento que más lo necesitaba.

Y mientras Verna seguía manejando me dijo: «Cora la grande», por mi tamaño no por la edad, para así distinguirme de mi tocaya, «lo que te quiero contar es lo siguiente... la hermana Cristina y yo siempre nos la pasábamos hablando de ti. Y orábamos para que el Señor te bendijera en todo. Ella me pidió que si por algún motivo cuando tú llegaras a Miami ella ya se había marchado con el Señor, que te ayudara a quedarte aquí para que no regresaras a trabajar en esa licorería. Que te pidiera que te quedaras en Miami. Que aquí existe campo para que trabajes. Me pidió que te ayudara en todo lo que pudiera. Así que Cora... si te quieres quedar, mi casa está a la orden. Es pequeña, pero también es tu casa. Mi papá se va pronto para California, y la cama de mi mamá la puedes compartir con ella. Y donde comen dos, pueden comer tres». En ese momento empecé a llorar: «¡No puede ser Señor! Tú tenías todo esto planeado para mí». ¡Yo estaba anonadada! Yo, en los Estados Unidos, en una casa con amigos que querían ayudarme. Y la hermana Cristina fue el puente que Dios usó para cambiar mi vida y darme una nueva oportunidad para empezar de nuevo.

Mi amiga Cora también lloraba, porque sabía lo que eso significaba para mí. Verna siguió hablando, mientras miraba por el espejo al chofer del carro que nos pitaba detrás, porque la luz del semáforo había cambiado: «¿Y qué es lo que le pasa a ese? ¡Hay mijito... déjame mejor callarme y no decir una barbaridad!» Y arrancando el carro a toda velocidad, mientras cruzábamos la intersección, continuó: «Bueno, Cora... como te iba contando, te buscamos un trabajo aunque sea en una fábrica como hacen todos los inmigrantes que llegan a Miami en busca de una vida mejor». Yo no sabía de lo que ella me estaba hablando. No conocía el sistema. No sabía nada sobre los inmigrantes. Sobre sus luchas y dificultades. ¡Pero Dios es bueno! Es por eso que cada día trae su propio afán. Si Dios nos permitiera mirar el futuro con todo lo que nos trae por delante, nos acobardaríamos y perderíamos las bendiciones que nos tiene preparadas. Es por eso que la Palabra claramente nos exhorta a no afanarnos por lo que pasará mañana, porque cada día traerá su propio afán. Así que vivamos el presente.

Mientras escuchaba a Verna, todo me parecía color de rosa. Bello y fácil. Y lo disfruté a lo máximo diciéndole enseguida: «Estoy hecha. ¡Voy a trabajar! Voy a buscar una iglesia. Voy a servir al Señor. El Señor me va a ayudar a mandar a buscar a mis dos hijas». Empecé desde ese momento a confesar victoria. Di gracias a Dios por impedir mi viaje a Canadá. Di gracias a Dios por el descanso de Cristina. Por la paz de su familia. Por la amistad de Verna y de su esposo Jaime. Por la compañía de Cora. Por el apoyo de mis hijas. Por el cuidado de mis hermanas y de mi madre. Pero sobre todo, di gracias a Dios por el amor tan grande que Él siempre me ha brindado.

> *Empecé desde ese momento a confesar victoria. Di gracias a Dios por impedir mi viaje a Canadá. Di gracias a Dios por el descanso de Cristina.*

¡Cuán grande es su amor! Ahora sí tenía la certeza de que mi vida estaba en sus manos. Yo no conocía el mañana, pero de algo sí estaba segura: Aunque no entendiera ni viera nada, Él siempre estaba en control. Y como dice la Palabra en Romanos 8:35-39: «*¿Quién nos apartará del amor de Cristo? ¿La tribulación, o la angustia, la persecución, el hambre, la indigencia, el peligro, o la violencia? Así está escrito: "Por tu causa nos vemos amenazados de muerte todo el día; nos tratan como a ovejas destinadas al matadero". Sin embargo, en todo esto somos más que vencedores por medio de aquel que nos amó. Pues estoy convencido de que ni la muerte ni la vida, ni los ángeles ni los demonios, ni lo presente ni lo por venir, ni los poderes, ni lo alto ni lo profundo, ni cosa alguna en toda la creación, podrá apartarnos del amor que Dios nos ha manifestado en Cristo Jesús nuestro Señor*».

Pasamos un día maravilloso con Verna, su esposo Jaime y su hija Tamara. Nos llevaron a *Bay Side*. Por fin conocimos Miami. Yo casi no había viajado. La mayoría de las veces ministraba en el interior de mi país. Fuera de Panamá solo conocía Costa Rica, y ahora tenía la bendición de conocer Miami. Estaba agradecida con Dios y con la vida.

A la mañana siguiente, después que oramos, y antes del desayuno, le dimos gracias a la familia de Cristina por todo. Aprovechamos para anunciarles nuestra decisión de mudarnos a la casa de Verna. Pero lo más lindo de aquella escena fue que la hija de Cristina nos dijo: «¡Las voy a extrañar!» Y desde ese instante surgió entre Denise y yo una linda amistad que prevalece hasta el día de hoy.

En la tarde, después de salir de su trabajo, Verna nos llamó para avisar que se disponía a venir a buscarnos. Ya lo teníamos todo preparado. Cuando Verna llegó nos despedimos de la familia de Cristina, agarramos nuestras maletas y nos subimos en su carro. Nos marchamos rumbo a Hialeah, al apartamento de Verna y Jaime Murrell. Nuestro próximo hogar hasta que mi Padre Celestial me dijera qué hacer.

Puntos para pensar:

Nos enteramos de que la hermana Cristina, la causante de este viaje, la que había hablado con Jaime y Verna para que viniera a Miami, había caído en coma.

Me sentía como uno de esos grandes siervos de Dios que imponen sus manos y oran para que los enfermos se sanen.

Pensaba en mí. En la posición embarazosa en la que me había quedado. Era como si eso fuera más importante para mí que la voluntad de Dios.

«Nos gustaría estar en tu casa unos días. Tan solo para no tener que regresar a Panamá tan pronto y aprovechar un poco el pasaje».

Todo me parecía color de rosa. Bello y fácil.

Reflexión:

Allí pude orar y utilizar mi cabeza.

Lo importante es confiar y creer que Dios es bueno, y que para siempre es su misericordia.

Me pidió que te ayudara en todo lo que pudiera. Así que Cora... si te quieres quedar, mi casa está a la orden.

Yo no conocía el mañana, pero de algo sí estaba segura: Aunque no entendiera ni viera nada, Él siempre estaba en control.

Citas bíblicas:

Podemos dar a otros lo que Él nos da

2 Corintios 1:3: *«Alabado sea el Dios y Padre de nuestro Señor Jesucristo, Padre misericordioso y Dios de toda consolación».*

2 Corintios 1:4: *«Quien nos consuela en todas nuestras tribulaciones para que con el mismo consuelo que de Dios hemos recibido también nosotros podamos consolar a todos los que sufren».*

Capítulo VIII
¡ME SENTÍA NUEVAMENTE EN FAMILIA!

«Él me lo estaba demostrando diciéndome:
No temas porque soy yo».

Estando hospedada en casa de Verna empezó una nueva etapa de mi vida donde me envolvía la incertidumbre, y sobre todo la tristeza. Ya no pensaba volver a mi querido Panamá. Entonces, empecé a llamar las cosas que no son como si lo fuesen. La confirmación de la profecía que Dios me dio a través del pastor, y luego la forma tan gloriosa en que Cristina partió con el Señor, no dejaban lugar a ninguna duda de que Él estaba en el asunto. A mí solo me tocaba creer y confiar en Dios. A casi un mes de nuestra llegada, mi amiga y tocaya, Coralia, tenía que volver a Panamá. Me dejaba sola. ¡Otra vez más!, pensé. Todos me dejan o me abandonan. Pero la tristeza se me pasó volando porque el amor de Dios me consoló. Esta vez sentía en mi corazón que Dios estaba en control.

Dos semanas después, muy de mañana, estaba sentada fuera del apartamento de los Murrell cuando de pronto un hombre buen mozo, pero serio, se me acercó y me saludó: «¡Buenos días!» Yo le contesté: «¡Buenos días!» Luego me preguntó un poco curioso: «¿Es usted la señora que está viviendo en la casa de la familia Murrell?» Le respondí: «¡Sí!» Entonces fue cuando me dijo: «¡Señora, tengo un trabajito para usted!» Abrí mis ojos muy grandes y le pregunté: «¿Cómo?» Y cortésmente me dijo: «Necesitamos una maestra para los niños de Kinder». Yo pensé mientras el hombre hablaba: ¿Quién le habrá dicho a este señor que yo podría servir para maestra en un país donde el idioma es el inglés? Luego le pregunté también con un poco de curiosidad: «¿Y dónde queda la escuela?» Me señaló el lugar con su mano derecha: «Ahí mismito. Al otro lado de este edificio». Le contesté muy segura de que Dios estaba conmigo: «Bueno, está bien». Y después de darme una cálida sonrisa, me dijo: «No se preocupe, el Señor ha visto sus lágrimas. ¡Ha escuchado su clamor!» y se marchó. Yo me quedé con la boca abierta.

> «No se preocupe, el Señor ha visto sus lágrimas. ¡Ha escuchado su clamor!»

¡Dios mío! ¿Será todo eso verdad? ¿No será que este hombre es un ángel? Yo nunca antes lo había visto.

Entré al apartamento. Todos estaban trabajando, excepto la abuela Alma, la madre de Verna. A ella le pareció todo bien, y me dijo: «Cuándo llegue Jaime cuéntale, y pregúntale si él conoce a ese hombre». Y así mismo hice. Cuando Jaime llegó a almorzar me descubrió la identidad de aquel individuo que parecía haber sido enviado por Dios. Me dijo que era el señor Antonio Lizano, el principal del colegio que dirigía el pastor Edén, *Interamerican Christian School*. Jaime, que era el maestro de Educación Física para aquel entonces, me preguntó: «¿Tú no estabas orando por eso? Pues llegó la respuesta. ¿Por qué dudas? ¿Acaso no te he dicho que si creyeres, verás la gloria de Dios?» Me dijo esas palabras tal y como lo dice la Biblia. Y yo le respondí muy contenta: «Sí, sí. Es cierto. Yo creo que ese trabajo es mío. No sé cómo, pero si el Señor lo permite, Él me capacitará también». Luego exclamé: «¡Dios mío! ¡Qué bendición!» ¿Qué más puedo decir? ¿No sé cómo pude dormir? Estaba esperando que llegara el día siguiente para caminar a la escuela, encontrarme con ese gran hombre de Dios y decirle: «¡Por favor, dígale al pastor Edén que sí, que acepto el trabajo!» Y darle mil gracias por haberse dejado usar por Dios. Estaba bien emocionada. ¡Dios me ayudó! Pude dormir en paz, y en paz me desperté. Verna oró por mí. Finalmente fui a la entrevista y... me dieron el trabajo.

Me presentaron a las compañeras inmediatas: Nereida Pérez, Carmen Morales, Lidia Rivera y a otros. Yo trabajaría muy de cerca con la maestra Nereida Pérez, lo cual fue una gran bendición. Ella me enseñó todo lo que sabía, incondicionalmente. Ya tenía trabajo. Ahora me faltaba un lugar donde vivir. Quería que mis niñitas estuvieran conmigo. ¡Me hacían falta! Les escribí. Les conté todas las buenas nuevas. Ellas se alegraron, no podían creerlo. Me decían: «Mamá nosotras si que tenemos un Dios bien grande». Y yo les contestaba: «Hijitas, nunca, pero nunca jamás, duden de algo. Lo que es imposible para el hombre es posible para Dios. Y si le pedimos con fe alguna cosa, Él nos oye. Y si está dentro de su voluntad Él nos lo da». Necesitaba una confirmación de que no eran mis emociones, de que en esta ocasión su mano de amor y de misericordia era la que me estaba guiando. ¡Y de que forma más maravillosa me lo estaba demostrando diciéndome: «No temas porque soy yo»!

Tres meses después continuaba conociendo y acostumbrándome al sistema de los Estados Unidos. Ahorraba para mandar a buscar a mis hijas. Ellas estaban con mi mami, pero su madre era yo. Sabía que la que tenía la responsabilidad de criar a esas dos niñas era yo. ¡Y era quien lo quería hacer! Nunca en la vida renegué de mi responsabilidad. Y le doy gracias a Dios por eso.

> Tres meses después continuaba conociendo y acostumbrándome al sistema de los Estados Unidos.

Durante ese lapso de tiempo sucedió otro milagro. Los inquilinos del apartamento que quedaba encima del que ocupaba la familia Murrell se estaban mudando. Corrí y le conté a Marielena Anderson, la administradora del colegio, lo que estaba pasando. Creo que fue la primera vez en esos tres meses que hablamos de algo personal. Solo la conocía por esa sonrisa que nos daba cada vez que nos entregaba el cheque los días de pago.

Marielena Anderson también fue usada por Dios para ayudarme en ese momento. Me dijo: «Cómo no mamita. Déjame llamar al pastor Edén para ver qué dice. Si él nos da su aprobación, veremos lo que tenemos que arreglar y limpiar, y te entregamos el apartamento». Oré, clamé, y creí que Dios ya lo había hecho. Al día siguiente fui a la oficina de nuevo y me dijo: «Miss Corie, ¡ese apartamento es tuyo! El pastor Edén dijo que te lo diéramos al mismo precio que lo tenía el último inquilino. Nosotros acostumbramos subirle algo por todo lo que se invierte en arreglar el apartamento, pero el pastor Edén dice que ha oído cosas muy buenas de ti, que eres una gran mujer. ¡Y para eso estamos! ¡Para ayudarnos en los momentos difíciles!» Pensé: ¿Quién le habrá contado de mí? Yo no soy famosa para que este hombre oiga de mí. Pero fue mi Dios quien puso también en el pastor Edén el querer como el hacer por su buena voluntad.

Me entregaron el apartamento y me mudé. En ese momento asistía a una iglesia pequeña anexa a La Catedral del Pueblo, situada en Hialeah y pastoreada por el pastor Luis Arenas. Fue la primera a la cual empecé a asistir, pues no tenía carro, y a esa iglesia podía llegar caminando, con tan solo salir de la casa y dar la media vuelta a la cuadra. Era una congregación pequeña, pero llena del amor de Dios. Cuando los hermanos se enteraron de que ya tenía apartamento, se dedicaron a pasar la voz a los demás, y de una forma milagrosa, empezaron a bendecirme regalándome los muebles que tanto necesitaba. Y la voz llegó hasta La Catedral del Pueblo, la iglesia matriz, donde el pastor Edén pastoreaba. Allí los hermanos Lara, que eran administradores de unos apartamentos, me regalaron un juego de sala que una familia de sus edificios abandonó en muy buenas condiciones cuando se mudaron.

Llamé a un amigo y hermano espiritual de la familia Murrell que me había ofrecido su mano amiga, Fernando. Él tenía un Volkswagen amarillito, y en ese carrito tan pequeñito mudamos el juego de sala. Una pieza a una, pero lo mudamos con la ayuda de Dios. Era de color crema. Nunca pasó por mi mente que iba a tener un apartamento en el mismo lugar donde trabajaba. Y mucho menos que iba a tener alrededor del apartamento la iglesia a donde asistiría. Fue allí también donde por la gracia de Dios me permitieron ofrecer mis servicios para que ayudar en lo que se necesitaba. La iglesia necesitaba ayuda con los jóvenes. Y gracias a una reunión que tuvo el pastor Edén en la iglesia matriz, de común acuerdo con el pastor Arenas, me ofrecieron el puesto de líder juvenil.

Fue allí también donde por la gracia de Dios me permitieron ofrecer mis servicios para que ayudar en lo que se necesitaba.

Me sentía feliz. Fui bendecida en lo material y también en lo espiritual. Y el Señor me complació con lo que más me gustaba, la juventud. En mi país, siempre trabajé con el grupo de mujeres. Pero en lo más profundo de mi corazón, siempre anhelé trabajar con los jóvenes. Creo que quería sentirme joven. Tantas luchas y dificultades habían apagado el espíritu juvenil que estaba en mí ... Necesitaba algo sano y limpio que me motivara a saltar, a sonreír, a llorar. Pero ya no de dolor, sino de gozo. La vida es un rompecabezas divino, y es Dios quien va colocando las piezas que nos hacen falta... a su tiempo. Es Él quien nos va moldeando según su imagen, tal y como lo ha planeado. Tristemente, está en nuestras manos el cumplimiento o el retrazo de dicho plan por causa del libre albedrío que nos dio desde el principio de la fundación del mundo. Por eso, una de mis oraciones es: «Señor, ayúdame a oír y a entender el plan profético que has diseñado para mí, en el nombre de Jesús».

Pasaron los meses, y con la ayuda y el amor de Nereida Pérez, Carmen Morales, Lidia Rivero, Carlos Barrantes, Rafael Ojeda, y todos mis compañeros de trabajo, me sentía en casa. Y fui aprendiendo. Por cierto, yo no era la maestra realmente, la escuela usaba en el grado Kinder un programa de enseñanza llamado sistema «*Beka*», en el cual los maestros que enseñan las clases lo hacían por medio de clases impartidas a través de videos. Nosotras teníamos que supervisar que los estudiantes estuvieran siguiendo las instrucciones indicadas por esos maestros. ¡Aquello era fantástico! ¡Me fascinó! Pero llegó la hora en que necesitaba compartir toda esa felicidad con mis hijas.

Pero llegó la hora en que necesitaba compartir toda esa felicidad con mis hijas.

Ya habían pasado cinco meses. Había decidido escribirles una carta, pero mi amiga Verna me dijo: «No les escribas. Usa mi teléfono. ¡Es tuyo también!» Por fin pude decirles a mis dos niñas: «¡Quiero que vengan a vivir conmigo! ¡Ya las puedo mandar a buscar!» Las dos gritaron de la alegría, y escucharon todo lo que les tenía que decir. Luego dijeron: «Se lo vamos a decir a papá para que nos firme el consentimiento legal». Ellas hablaron con su padre, pero este puso el grito en el cielo: «¿Cómo se le ocurre a Coralia querer llevárselas al extranjero a pasar necesidades? No puede irle bien. ¡Es demasiado pronto! Yo conozco muchas personas a quienes les ha costado muchos años de esfuerzo ponerse de pie. Y Coralia apenas lleva en ese país cinco meses. ¿Cómo cree que puede mandar a buscarlas? ¡No Señor! ¡No las voy a dejar ir! Las quiero mucho, y no quiero que sufran». Según me cuentan, las dos lloraban.

Y valientemente, mi nena mayor, Vanessa, fue quien rompió el silencio: «Papi, mami nos enseñó a respetarte, y así lo hemos hecho siempre. Aunque tú... nos abandonaste. Te queremos muchísimo, pero si es verdad que mami está pasando necesidad, queremos estar igualmente con ella. Cuando uno ama, está con la persona a la que ama, en las buenas y en las malas. Y sucede que amamos a mami con todo nuestro corazón. Si tú no nos dejas ir, nos vas a lastimar. Y no quisiéramos empezar a odiarte. Papi, te amamos, pero por favor, ¡déjanos ir!» Me contaron que aquel hombre se puso bien triste. Suspiró y dijo: «Si eso es lo que ustedes quieren, está bien. ¡Pueden irse! Mañana mismo voy a sacarles las visas. Y dile a tu mami que no les compre los boletos, que van de mi parte». Se abrazaron y lloraron. Pero más lloraron ellas que él, ya que siempre ha sabido muy bien esconder sus verdaderos sentimientos, pues en lo más profundo de su corazón... es un hombre noble. ¡Qué Dios lo bendiga! Así que no solamente iba a tener a mis hijas de nuevo conmigo, sino que también iba a tener un dinerito extra, el que me estaba ahorrando de los boletos, para comprarles ropa.

Un día me levanté sintiéndome mal. Creí que tenía el período menstrual que nos viene a las mujeres. Pero era una hemorragia bien grande la que salía de mi vientre. Presentí que algo terrible iba a pasarme. ¡Oh, Dios mío! ¡No, no puede ser! Mis hijas llegan el próximo mes. Mientras me doblaba de dolor, casi gritaba: «¡Ayyyy! ¡Ayyyy!¡Ayyyy!» Mis vecinas, Marieta y Griselda, tuvieron que llevarme de emergencia al hospital Jackson Memorial. Me preguntaron muchas cosas, pero con el dolor casi no les podía entender. Solo recuerdo que les decía: «¡Yes! ¡Yes! Oooooh, yes!», mientras llenaban los formularios. Les entregué mi identificación, y así terminaron de llenar la información que les faltaba. Después de hacerme varios análisis, me miraron y dijeron: «Tenemos que ingresarla. ¡Debe ser operada cuanto antes!»

Me ingresaron. Y en dos días, me operaron. Verna llamó por teléfono a Panamá para contarles a mi familia lo que me estaba sucediendo. «¡Ay! ¡Se nos muere la negrita en Miami!», le dijo mami a Verna al otro lado de la línea, llorando. ¿Pero por qué siempre nos tenemos que ir a los extremos? ¡Nosotros no pensamos como Él! Nadie pensó, ni siquiera yo, que todo lo que pasó en aquella ocasión fue permitido por Dios, no con la intención de causarme la muerte, sino con el propósito de librarme de aquel espantoso dolor que llevé en mi vientre por tantos años. Y es que sufría una calamidad cada vez que tenía la menstruación. Y ahora, era el nombre de Dios, el que iba ser glorificado una vez más en mi vida. Entendí que aquello estaba sucediendo para que todos supieran que aún en nuestros tiempos, Él sigue siendo el Dios soberano, el Dios de los imposibles. Me trasladaron a la sala donde me colocaron la anestesia. Lentamente, la inyección comenzó a provocar en mí su efecto. ¡Me estaba durmiendo! Y cuando ya estaba a punto de ser introducida al quirófano para ser operada, pude entreabrir mis ojos y mirar en la distancia, acercándose y alejándose de mí, el bello rostro de mi madre, que estaba parada frente a mí mirándome con sus ojos bañados en lágrimas y estrechando mi mano.

> *Entendí que aquello estaba sucediendo para que todos supieran que aún en nuestros tiempos, Él sigue siendo el Dios soberano, el Dios de los imposibles.*

Momentos antes de ser anestesiada le había pedido perdón a Dios por todos mis pecados. Aun por los que no recordaba. Me había preparado espiritualmente por si acaso al Señor se le ocurría llevarme con Él. Pero claro, no sin antes decirle: «Señor, ¡quiero vivir! Por favor, sácame de esta con bien, te prometo nuevamente que al igual que Josué, yo y mi casa también te servirán».

¡Salí de la operación viva! Llegó el día de la salida. Y de pronto apareció en mi habitación una trabajadora social, junto con la cobradora de la administración del hospital, para que firmara unos documentos. Una de ellas me preguntó en inglés: «Señora Reid, ¿cómo piensa pagarnos? ¿En efectivo, con cheque o con tarjeta de crédito?» Mis ojos casi saltaron sobre ella. «Este, bueno, yo... ¡Ja! ¡Ja! ¡Ja! ¡Ja!» Pensé mientras la escuchaba: ¿Qué chiste tan desagradable es este? Y casi no les entiendo. Los nervios nublaron mi entendimiento. Temblaba, y lo único que se me ocurrió en ese momento fue preguntarle a la joven en inglés con mi acento bien latino: «Señorita, si no puedo pagarle, ¿usted cree que me meterían nuevamente todo lo que me sacaron?» La joven empezó a reírse a carcajadas. «¡Claro que no señora! Escuche, yo no sé quién se equivocó al ingresarla a usted en este hospital sin seguro o documentación... bueno, eso lo resolveremos después. Ahora, usted debe salir de este lugar lo más pronto posible porque la factura está aumentando cada día que pasa. Y no se preocupe. Ya le mandaran la cuenta por correo». Me leyó la dirección que tenía anotada, y yo se la confirmé. Me deseó suerte, y se marchó. Luego me transportaron hasta la salida sobre una silla de ruedas, allí me esperaban mis vecinas para llevarme con mami al apartamento de Verna.

Mami se quedó conmigo un mes, cuidándome. Cada vez que recuerdo este episodio de mi vida, glorifico a Dios por mi viejita linda, y le ruego que le dé muchos años de vida para poder disfrutarla. Quiero y anhelo tener lo suficiente para poder bendecir a mi madre como nunca antes lo he hecho. ¡Dios me oiga y me lo conceda! Ella pudo ayudarme a preparar el apartamento. Lo dejó que parecía un palacio. Hizo que las cosas que me habían regalado lucieran como nuevas. ¡Me sentía feliz!

Aquella barriada era buena. Era una pequeña comunidad cristiana. Y llegó el día más anhelado por mí desde que llegué a Miami, el día en que llegaban mis niñas de Panamá.

Puntos para pensar:

«¿Tú no estabas orando por eso? Pues, llegó la respuesta. ¿Por qué dudas? ¿Acaso no te he dicho que si creyeres, verás la gloria de Dios?»

A esa iglesia podía llegar caminando, con tan solo salir de la casa y dar la media vuelta a la cuadra. Era una congregación pequeña, pero llena del amor de Dios.

«Papi, te amamos, pero por favor, ¡déjanos ir!»

Presentí que algo terrible iba a pasarme.

Y llegó el día más anhelado por mí desde que llegué a Miami, el día en que llegaban mis niñas de Panamá.

Reflexión:

Tres meses después, continuaba conociendo y acostumbrándome al sistema de los Estados Unidos.

Fue allí también donde por la gracia de Dios me permitieron ofrecer mis servicios para que ayudara en lo que se necesitaba.

Pero llegó la hora en que necesitaba compartir toda esa felicidad con mis hijas.

¡Es demasiado pronto!

Nadie pensó, ni siquiera yo, que todo lo que pasó en aquella ocasión fue permitido por Dios.

Citas bíblicas:

No se guíe por lo que ve, créale tan solo a Dios

Romanos 8:28: *«Sabemos que Dios dispone todas las cosas para el bien de quienes lo aman, los que han sido llamados de acuerdo con su propósito».*

Salmo 7:10: *«Mi escudo está en Dios, que salva a los rectos de corazón».*

Capítulo IX
¡JAMÁS ME ARREPENTIRÉ DE HABERLE DADO MI CORAZÓN A JESÚS!

«Ellas eran dignas de representar al Señor».

La emoción que sentía cuando pisé el Aeropuerto Internacional de Miami era tan fuerte que hacía tambalear mis pies. No podía mantenerme parada, por lo que decidí quedarme sentada en una silla, cerca del lugar de llegadas. Mandé a mis amigas Marieta y Griselda a que se acercaran a la salida de los vuelos internacionales provenientes de Panamá. De pronto, dirigí mi vista hacia aquel lugar, y ya no pude contener más mis lágrimas. Me levanté y comencé a caminar. No era un sueño, mis hijas estaban allí, frente a mí, en aquel aeropuerto. Vanessa y Yhovanna comenzaron a llorar apenas me vieron. Me abrazaban y me besaban mientras yo continuaba llorando de felicidad. ¡Mis niñas se habían puesto grandototas! Supongo que ellas me encontraron a mí gordita, vieja... ¡qué sé yo! Lo único que sé es que jamás me arrepentiré de haberle entregado mi corazón al Señor. Jamás me arrepentiré de haber instruido a mis hijas en su camino. Todo es muy distinto desde entonces, porque aunque a veces lloremos y suframos, existe la esperanza. Esa esperanza que nos llena de paz y seguridad. La esperanza de saber que a pesar de lo que estemos atravesando, no siempre va a ser igual. De que existe un mejor mañana. Esa esperanza que nos promete que después de la lluvia, cuando menos lo esperemos, brillará el sol. Y que después de la tormenta, llegará la calma. ¡Y qué calma! Porque cuando llega, la disfrutamos. ¡Y de qué manera! Porque a su tiempo... ¡Dios lo hace todo más hermoso!

Llevamos a mami al aeropuerto. Y llegó el tan anhelado día domingo. Fuimos todas juntas a la iglesia por primera vez después de mucho tiempo. Cuando llegamos a la iglesia, mis hijas fueron recibidas con besos y abrazos, pues ya las conocían. Casi toda la congregación había desfilado por mi casa para visitarme. Les dieron la bienvenida desde el púlpito. Ellas se pararon, con pena, pero orgullosas de que todas aquellas personas quisieran a su madre en tan poco tiempo.

Al finalizar el servicio, el pastor Arenas se nos acercó y nos saludó. Aprovechó para invitarme a predicar el miércoles. Me invitó a testificar de cómo el Señor me ayudó a traer a mis hijas a vivir conmigo. Preparé el mensaje, y el miércoles por la noche prediqué. ¡Mis niñas estaban felices! Las presenté a la congregación. ¡Y todos lloraban! Aplaudían. Les dije que lo único que empañaba un poco nuestra felicidad era que no sabía nada de inmigración. No sabía lo que tenía que hacer para que mis hijas siguieran estudiando. No quería ponerlas a trabajar, ni siquiera para que me ayudaran, esa era mi responsabilidad y quería hacerlo. Se me salieron las lágrimas. Todos empezaron a llorar junto conmigo. Los hermanos decían: «Pobrecita, ¿ella no sabe que este país es así? Ahora ellas también pasaran a formar parte del gran número de indocumentados que existen en este país».

Terminé de predicar. Hice el llamado, y muchas personas pasaron adelante. En medio de ellas pasó un hermano que ya conocía, el hermano Burgos. Él me dijo: «Hermana Coralia, ¡qué tremendo testimonio el suyo! Verdaderamente, Dios me ha tocado... y quiero ayudarle. Si usted lo desea, mañana mismo por la mañana mi esposa y

Verdaderamente, Dios me ha tocado... y quiero ayudarle.

yo nos llevaremos a sus hijas a arreglarles los papeles para que estudien. Y así no tiene que faltar más días al trabajo. Nosotros no somos ricos, pero tenemos una casa y un negocio. Tenemos unos ahorros en el banco. Y con la ayuda de Dios, podemos darles un affidávit».

Le contesté casi a gritos: «Hermano, ¿cómo dice usted? ¿Eso se puede hacer? ¡Dios mío! Dígame, ¿eso se puede hacer? Si usted se ofrece a ayudarnos. ¡Cómo no! Cuando usted quiera. Usted y su señora se las pueden llevar. Hermano, mil gracias por todo». Y gracias a la familia Burgos, mis hijas pudieron estudiar en la escuela superior *Miami Spring Senior High*.

Cuando mis hijas llegaron, no les fue nada fácil. Y es que la vida no es fácil. Eso es algo que debemos entender. En su Palabra el Señor nos dice que en el mundo tendremos aflicción, pero que debemos confiar porque Él ha vencido al mundo. Cuando empezaron a asistir al colegio, fueron aceptadas al principio por sus compañeros negros americanos. Sin embargo, al ellas hablarles, estos se daban cuenta de que mis hijas eran latinas, y se apartaban de ellas. Por otra parte, para sus compañeros de clase latinos, Vanessa y Yhovanna eran negritas. ¡Qué dilema! Las dos se resintieron y me lo comentaron. Al hablar con ellas, el Señor me dio palabra de sabiduría, y les dije: «Pues hijas, será que Dios tiene otra cosa para ustedes. Estudien y olvídense de todo el mundo. Al fin y al cabo cuando llegan a casa o vamos a la iglesia, no existe ese problema, porque en Cristo hay plenitud de gozo, y se nos olvidan los agravios».

Estudien y olvídense de todo el mundo. Al fin y al cabo cuando llegan a casa o vamos a la iglesia, no existe ese problema, porque en Cristo hay plenitud de gozo, y se nos olvidan los agravios».

Pero había más porque…yo no pienso como Él. Mis dos hijas comenzaron a estudiar fuerte, pero tan fuerte, que los alumnos que estaban en los cuadros de honor las buscaban. Ellos les informaron acerca de un programa especial de *honor roll*. Y desde ese momento se inscribieron en el programa. Y cada una, según su grado escolar, pudo graduarse con honores.

Un día estaba trabajando corrigiendo unos exámenes de mis estudiantes en el colegio del pastor Edén, y de pronto, se me acercó una niña que estudiaba allí. Era la hija de la hermana Carmen Milton, Betsy. Se me acercó y me dijo: «Mi mami me pidió que le entregara esto. Me dijo que usted necesitaba un carro. Pues, ahora puede comprarlo». Y me entregó un sobre. ¡Eran mil quinientos dólares! Y era para que compráramos un carro.

Carmen Milton era la directora del Instituto Bíblico Adib Edén. Yo también enseñaba en ese instituto gracias a la visión del pastor Edén. La hermana Milton me veía cada día llegar con mis niñas en el autobús, y Dios la movió a compasión y misericordia para con nosotras. Así fue que tuvimos nuestro primer carro. Y fue también en ese mismo tiempo que Vanessa se puso muy mal de salud.

A mis hijas no les gusta que cuente esto, pero tengo que hacerlo, porque las bendiciones de Dios siempre están allí. Sin embargo, muchas veces para poder obtenerlas, nos toca pararnos firmes en la roca incorruptible que es Cristo Jesús. Ellas estudiaban fuerte mientras yo trabajaba. Dios proveía nuestras necesidades, porque en muchas ocasiones en la escuela donde trabajaba nos pagaban tarde debido a problemas financieros.

Dios proveía nuestras necesidades,

A veces se me acumulaban las cuentas, y nuestra alimentación era muy mala. Mis hijas no podían tener la alimentación apropiada que correspondía a unas chicas que estudiaban fuerte y que además me ayudaban en todo lo que yo emprendía para suplir las necesidades de la casa. Pero en esos momentos difíciles, tampoco el Señor nos abandonó, porque nunca permitió que pasáramos hambre. Dios sacó a mi Vanessa victoriosa, sanándola de esa enfermedad hasta el día de hoy. Y gracias a Dios, mi chiquita se graduó de secundaria, y con honores.

Luego se graduó Yhovanna. También con honores. Ambas terminaron la escuela superior de una forma impresionante. Dignas de representar a mi Señor. Yo no sabía cómo iba a pagarles la universidad, y mucho menos después que los doctores me advirtieron que Vanessa no podía trabajar y estudiar al mismo tiempo. Que la úlcera que había tenido en el duodeno le podía regresar si se exponía a cualquier actividad que le causara estrés.

Yhovanna hizo un pacto con Vanessa. Le dijo: «Vane, tú estudias y terminas la universidad mientras yo te sostengo con mami y con lo que papi nos mande». Después de la graduación de Vanessa, el Señor tocó de una forma muy fuerte a su papá. Él fue testigo de cómo Dios nos estaba bendiciendo, y de regalo de graduación, le obsequió a Vanessa un carro nuevo de paquete, un Toyota Tercel.

Vanessa también hizo un pacto con Yhovanna. Le dijo: «No te preocupes Yhovi, cuando llegue tu tiempo, ya yo estaré bien, y también te podré sostener con lo que papi nos mande y con lo que gane mami en su trabajo. Verás que no vas a tener que trabajar, solo estudiar». Todo eso sonaba perfecto, pero para estudiar en la universidad necesitábamos más que unos buenos deseos. En realidad, necesitábamos $17,000.00 dólares en el banco, y yo no los tenía.

Durante las vacaciones comencé a hacer trabajos extras. Y entre esos trabajos conocí a una hermanita que había llegado de Panamá, Aida. Pudimos hospedarla en nuestra casa mientras buscaba trabajo. Nos tocó dar de gracia lo que de gracia habíamos recibido. Aida consiguió trabajo en una casa de familia adinerada donde necesitaban a una persona que ayudara a uno de sus hijos con la tarea. Y pensó en mí, ya que al niño lo iban a poner en un colegio donde se educaba con el sistema Beka. Yo acepté, porque quiero que sepan que nunca decía: «No puedo». Para mí «todo» significa «todo». Y ese es el «todo» que aparece en uno de mis versículos preferidos de la Biblia: «*Todo lo puedo en Cristo que me fortalece*» (Filipenses 4:13).

Como se darán cuenta, existen versículos de la Biblia que son muy importantes para mí. Los aplico constantemente a mi vida. No es que pretenda ser una mujer super espiritual. Solo sé lo que me dice la escritura, que la Palabra de Dios es viva y eficaz, y más cortante que una espada de doble filo. Eso me sirve para apoderarme de todas las promesas que el Señor tiene para mí. Muchas personas lo llamarán fanatismo, pero solo sé que a través de los años me ha dado buenos resultados.

Muchas personas lo llamarán fanatismo, pero solo sé que a través de los años me ha dado buenos resultados.

Llegó el día de la entrevista. Y tenía que llevar a mis hijas conmigo. Yhovanna estaba de vacaciones. Con Vanessa no sabía qué iba a suceder. Ya se había graduado, y no tenía forma de inscribirla en la universidad. Así que me dispuse con ellas a encontrar aquella dirección. Y la encontramos. Era en una ciudad hermosa, Coral Gables. Había muchas mansiones. Nos sentíamos como en «Alicia en el país de las maravillas». Tocamos el timbre de la puerta. Salió la empleada a abrirnos y unos momentos después anunció nuestra llegada a los dueños.

Ya nos estaban esperando. Bajaron los señores y el niño a quien yo le iba a dar las clases. Todos fueron muy amables. Les hacían preguntas a mis hijas sobre sus estudios. Yo oraba, porque mi vida siempre ha estado llena de propósitos, de encuentros y de maravillas. Y es por eso que en aquel momento también estaba a la expectativa. En otras palabras, en cada cosa que pasa a mi alrededor, estoy pendiente de descubrir no mi voluntad, sino la de Dios.

Esas preguntas no tenían nada que ver con el servicio que yo les iba a brindar, pero aprendí, como sigo aprendiendo cada día, que... yo no pienso como Él. Dentro de mí había un yo no sé qué. Mientras ellos hablaban con las muchachas, yo oraba. Y gracias a Dios por eso, porque eso hizo que Él cumpliera el propósito por el cual me había unido con esa familia. Me dieron el trabajo. Dos o tres veces a la semana iba a la mansión. Me pagaban muy bien. Era un dinero extra que no tenía, pero sobre todo, Dios estaba trabajando con mi autoestima.

¡Me sentía tan bien! ¿Recuerdan ustedes a la señora que al principio de este libro les contó de sus complejos y de cómo su vida empezó a cambiar tan pronto se la entregó a Cristo? Doy gracias a Dios por haberme dado la oportunidad de haber trabajado como maestra por varios años. Pues, de esa forma, Dios no solo me ayudó a liberarme de todos mis complejos, sino también me ayudó a desarrollarme como mujer. ¡Bendito sea Dios! Y pensar que mi trabajo como maestra lo comencé a cumplir casi por compromiso, tan solo para superar todo aquel complejo de inferioridad que el desprecio y el abandono de mi esposo me hizo sentir. Es por eso que puedo detenerme y hablarles a los jóvenes exhortándoles de corazón a que estudien. A que se preparen mientras nuestro Señor venga para que no pierdan su tiempo en cosas vanas. Y que con su capacitación profesional se pongan en las manos de Dios, quien les guiará. Dios siempre tendrá algo para que hagan. Es algo hermoso. A mí me trajo delicias.

> *Dios no solo me ayudó a liberarme de todos mis complejos, sino también me ayudó a desarrollarme como mujer. ¡Bendito sea Dios!*

Vanessa tenía que decidir qué iba a hacer con su vida. Nosotras estábamos casi seguras de que necesitábamos un alma misericordiosa que le diera trabajo. Sabía que ella quería ser enfermera igual que Yhovanna. Bueno, llegamos nuevamente a la mansión, pero esta vez nos habían invitado a comer. Nos sentamos a la gran mesa y de pronto el padre de la familia nos dijo: «Coralia, queremos hablar contigo. ¡Te admiramos! Eres una mujer luchadora, y nos duele que tu hija Vanessa no pueda seguir estudiando. Pero si en algo la podemos ayudar, ahora mismo llamo a mi abogado, si me das tu consentimiento, para que me haga un affidávit para tu hija Vanesa».

Vanessa abrió sus ojitos más grandes que nunca. A Yhovanna se le invadieron sus ojos de lágrimas. Ella llora más por las bendiciones de su hermana y las mías que por las de ella misma. Las tres lloramos, aunque todos en aquella familia contuvieron sus lágrimas. El señor llamó por teléfono a su abogado y le dio la orden para que le hiciera el affidávit a mi muchachita.

Al día siguiente, mi hija Vanessa pudo matricularse en la universidad. Se inscribió en todas las clases que necesitaba, y cumpliendo con los requisitos que le pedían. Nos sentíamos apoyadas por un hombre de dinero en la tierra, ya que ellas y yo sabíamos que nosotras también éramos muy ricas. Nuestro Padre Celestial es el dueño de todo el oro y la plata de este mundo. Y confiábamos en que todo estaba bajo su control.

Vanessa empezó a estudiar en *Miami Dade Community College*, y Yhovanna hizo tal y como se lo prometió a su hermana. Y aquella bendita familia desapareció de nuestras vidas. Se mudaron de la mansión y cambiaron al niño de colegio. Nosotras entendimos que Dios los usó, en su tiempo, para bendecirnos.

Dos años después, Yhovanna se graduaba de secundaria, y su padre asistió a la graduación. Vanessa y yo orábamos fuerte porque la que ahora necesitaba un affidávit era Yhovanna. Nos preguntábamos por dónde el Señor nos iba a proveer. Por otra parte, Yhovanna corría a la calle todos los días a buscar el correo. Eso me preocupó. Y le pregunté a Vanessa: «¿Y de cuándo acá tanto apuro el de tu hermana por recibir cartas? ¿Es que acaso tiene un novio que yo no conozco?» Entonces Vanessa me respondió: «Yo no lo creo mami». Y una tarde, como a las doce del mediodía, creo que de un sábado, pues todas estábamos en casa, de pronto Yhovanna gritó: «¡Gloria a Dios! ¡Llegó!» Vanessa y yo gritamos: «¿Quién?» Yhovanna lloraba: «Llegó mi aplicación. ¡Gracias Señor!» Y después de nosotras abrazarla y llorar con ella sin saber de qué se trataba, nos dijo: «¡Me gané una beca! Podré estudiar en la universidad mamá. ¡El Señor me ama!» Yo le dije: «¿Pero es que lo dudabas?» Y sin entrar en más detalles les puedo decir que gracias a esa beca, mi Yhovanna pudo estudiar sus cuatro años de universidad, sin nosotras tener que pagar ni un centavo por su educación.

Cuando Dios me concedió el milagro de la residencia en los Estados Unidos de América, decidí viajar a Panamá, mi tierra natal. Dentro de mí estaba el deseo profundo de visitar a mi padre. Lo sentía fuertemente en mi corazón. Quería brindarle la oportunidad de conocer a mi Señor Jesucristo, que tanto había hecho por mí. Y mi primo Cirilo me acompañó hasta su casa, porque yo no me sentía con la confianza suficiente para ir sola a verlo. Aquella casa estaba bien sucia y descuidada. Mi padre nos ofreció algo de tomar, lo cual rechazamos ambos, hablándonos con la mirada. Mi corazón lloraba por dentro. Por la forma tan cínica y sucia en que se expresaba de Dios y del evangelio, y también por su forma de vivir, parecía que mi padre hubiera hecho un pacto con el diablo. ¿Qué más tenía que hacer Dios para que un hombre se volviera de sus malos caminos si ya lo había hecho todo a través de la sangre de su hijo Jesús?

Me llené de valor y traté de introducir el tema de las bondades de Dios y de su misericordia. Él se sonreía de forma satánica y me cambiaba el tema. Cuando llegó el momento de la despedida, yo estaba triste. No había logrado nada con el hombre que me había dado el ser. Y en mi interior le pedí a Dios que le diera una nueva oportunidad. Sé que esa oportunidad siempre estuvo allí, pero que fue él quien no la quiso aceptar. Le pregunté: «Papi, ¿cómo está la vecina Miss Guiteens?» Y él me respondió: «Ella está mucho mejor. ¿Quieres verla?» Y los dos comenzamos a llamarla a gritos hasta que ella se asomó. Se alegró mucho cuando me vio. Nos saludamos con un fuerte abrazo. Y entre una cosa y otra, introduje el tema de cuán bueno es Dios. La vecina me contestó: «Dios... es el mejor». Y empezamos a glorificar al Señor mientras mi padre comenzó nuevamente a sonreír de una forma extraña, y a decir una cantidad de cosas profanas acerca de Dios y del evangelio.

No había logrado nada con el hombre que me había dado el ser. Y en mi interior le pedí a Dios que le diera una nueva oportunidad.

Papá murió un año después en un hospital de Panamá. Una de las mujeres que tenía supo de mí porque era mi nombre, el único nombre de sus hijas, el que él recordaba antes de morir. Increíblemente vemos cómo la Palabra de Dios se cumple. Y la Palabra dice que ella no regresa vacía, por lo que dentro de mí, anhelo que las veces en que visité a papá, aun en medio de esa sonrisa satánica, en medio de su dolor y de su aflicción, él haya clamado a Jesús, porque Dios jamás despreciará un corazón contrito y humillado. La mujer de papá le preguntó a la vecina si ella no sabía como localizarme. Miss Guiteens buscó mi apellido paterno en el directorio telefónico de Panamá, y milagrosamente, la que contestó su llamada fue mi hermana menor, Elena.

Mi hermana Elena me llamó a Miami y me dio la noticia. «Gorda, nuestro padre murió, y antes de morir se la pasó mencionando tu nombre, por lo que la vecina nos localizó. Me dijo que papá... no tiene quien lo entierre». En ese momento mami, que estaba escuchando toda la conversación parada a mi lado, gritó con el resentimiento tan grande que tenía guardado en lo más profundo de su corazón: «Lo que uno siembra, cosecha». Inmediatamente me viré hacia ella, la miré con autoridad, y le dije: «¡Tú no, mamá, por favor! Me dolería mucho que después de todo lo que sufriste con papi, termines con resentimiento y amargura en tu corazón. ¡Mamá, perdónalo!» Y ella no me respondió nada. Pero puedo testificar que hoy no se menciona más el tema de mi padre, y mami vive feliz en medio de nosotras. La oración del justo obrando eficazmente puede mucho. Nosotras oramos y creímos.

> *¡Mamá, perdónalo!» Y ella no me respondió nada.*

PUNTOS PARA PENSAR:

Lo único que sé es que jamás me arrepentiré de haberle entregado mi corazón al Señor. Jamás me arrepentiré de haber instruido a mis hijas en su camino.

Dios proveía nuestras necesidades.

Nos tocó dar de gracia lo que de gracia habíamos recibido.

Ellas y yo sabíamos que nosotras también éramos muy ricas.

«Podré estudiar en la universidad mamá. ¡El Señor me ama!» Yo le dije: «¿Pero es que lo dudabas?»

Quería brindarle la oportunidad de conocer a mi Señor Jesucristo.

«Nuestro padre murió, y antes de morir se la pasó mencionando tu nombre, por lo que la vecina nos localizó. Me dijo que papá... no tiene quien lo entierre».

REFLEXIÓN:

Verdaderamente, Dios me ha tocado... y quiero ayudarle.

Ambas terminaron la escuela superior de una forma impresionante. Dignas de representar a mi Señor.

En cada cosa que pasa a mi alrededor, estoy pendiente de descubrir no mi voluntad, sino la de Dios.

Dios no solo me ayudó a liberarme de todos mis complejos, sino también me ayudó a desarrollarme como mujer. ¡Bendito sea Dios!

Me llené de valor y traté de introducir el tema de las bondades de Dios y de su misericordia.

No había logrado nada con el hombre que me había dado el ser. Y en mi interior le pedí a Dios que le diera una nueva oportunidad.

¡Mamá, perdónalo! Y ella no me respondió nada.

CITAS BÍBLICAS:

Dios puede ser su fortaleza también

Salmo 138:3: *«Cuando te llamé, me respondiste; me infundiste ánimo y renovaste mis fuerzas».*

Salmo 138:2: *«Quiero inclinarme hacia tu santo templo y alabar tu nombre por tu gran amor y fidelidad».*

Capítulo X
EL COMIENZO DE LA VICTORIA EN ÉL

«El corazón me comenzó a latir a millón».

Solo Dios tiene poder para hacer cosas como estas. Y así puedo concluir explicándoles cómo mis hijas pudieron estudiar en este país sostenidas por la misericordia de Dios. Vane se graduó con muchos honores, y luego Yhovi también. Ambas fueron solicitadas por el mismo hospital, *Kendall Medical Regional*, donde trabajan hasta el día de hoy. Allí están sirviendo al Señor con todo su corazón. Ambas tienen un ministerio, aman al Señor, y antes de ser enfermeras, son hijas de Dios. Eso llena mi corazón de agradecimiento a Dios. Y el día 7 de noviembre del 2000, mis dos niñas me regalaron una casa preciosa.

Llegó mi cumpleaños, y gracias a Dios, desde que lo conozco a Él mis cumpleaños tienen sentido. Antes, cuando cumplía años, en vez de darle gracias a Dios por un año más de vida que me permitía vivir, me entraba temor por los años que había cumplido, porque no quería envejecer. Sin embargo, desde que acepté al Señor Jesús como mi Señor y Salvador, comprendí que cada minuto que me ofrece aquí en la tierra es una bendición, ya que es un privilegio vivir en Él y para Él.

Mis dos hijas, Vanessa y Yhovanna, llegaron a mi habitación esa mañana como de costumbre en mis cumpleaños. Pero no sé por qué noté una cierta emoción en sus voces que no entendía. Me entregaron una postal preciosa con la firma de ambas. Luego un chocolate grandísimo en forma de una moneda de 25 centavos con la fecha 2000. Eso sí que me extrañó, ya que ambas siempre me estaban regañando sobre mi peso, indicándome que me estaba dejando engordar. ¡Y se imaginarán que yo no lo aceptaba! ¡Problemas de nosotras las mujeres! Tomé el chocolate y la postal, y cariñosamente les di un beso a cada una, dándole las gracias. Entonces recibí una fuerte mirada de ambas, especialmente de Yhovanna, quien me dijo cortante: «¡Mamá, por favor, lee!» La miré regañona, preguntándole: «¿Qué quieres que lea hija?» Y las dos me dijeron cantando a la vez: «Lee, por favor, mamita» Y leí un panfleto que estaba pegado al chocolate, y en el cual no me había fijado: «Para mi mamita linda, habitar en mayo». Y en el panfleto también estaba dibujada una mujer con pelo crespo junto a una hermosísima casa.

El corazón me comenzó a latir a millón. Casi gritando pregunté: «Díganme, ¿qué quiere decir esto? ¡No será lo que estoy pensando! Dios mío, me va a dar algo. Hijas, por favor, hablen» Y cada una me dijo por separado: «Mamá, que no te dé nada. Queremos que la disfrutes por muchísimos años. ¡Es tu casa! Si no te gusta la que te escogimos nosotras, escoge la que más te guste a ti. Y si prefieres la de dos pisos, igual puedes hacerlo». Vane cantó junto a Yhovi: «Jesús está aquí, pide lo que quieras. Él tiene poder. Él te lo dará», mientras yo lloraba de emoción. Se me acercó Vane, y me dijo colocando su mano en mi cabeza, mientras Yhovi me abrazaba sentada a mi lado: «Mamá, ¿te acuerdas que hace muchos años atrás, cuando éramos niñas, te encontramos llorando y te dijimos que algún día nosotras íbamos a crecer y a graduarnos como enfermeras, y que te regalaríamos una casa especialmente para ti? ¿Qué no llorarías más por la casa que papi nunca quiso poner a tu nombre? ¡Pues aquí está! ¡Lo prometido es deuda!

No sabía qué decir. Cómo pedirles perdón. Me había pasado toda la sema-

Me había pasado toda la semana peleando con ellas.

na peleando con ellas. Lo habían sabido guardar todo en secreto. No entendía por qué trabajaban tanto. Les decía que el dinero no lo era todo. Que tenían que cuidarse. Existen momentos en que no hay palabras para expresar lo que uno siente, y este era uno de esos. Yo solo sabía que tenía a un Dios bien grande y unas hijas preciosas, dadas por Él. Solo quería llorar, cantar, brincar, exaltar el santo nombre de Dios. Y ambas me bajaron de las nubes, pidiéndome que las acompañara a ver la casa.

Cuando llegamos al lugar, la secretaria, y todos los que trabajaban en esa oficina, se emocionaron al conocerme. Mis hijas les habían hablado mucho de mí. Me felicitaban por tenerlas por hijas. Y yo daba la honra y la gloria a Dios, porque no podía olvidar que todo lo que somos, y todo lo que logramos en la vida, se lo debemos solo a Él. ¡La casa era preciosa! ¡No la cambié! Y para la gloria de Dios, allí vivimos hasta el día de hoy. Hasta los vecinos que tenemos son preciosos, todo estaba bajo el control de las manos de Dios.

En nuestras vidas siguen sucediendo cosas hermosas en ese lugar. Pero quiero terminar mi primer libro diciendo algo: «Yo no pienso como Él» fue inspirado por la verdad absoluta de que Dios me recogió siendo una mujer abandonada y pobre de espíritu, y en su infinita misericordia, tuvo compasión de mí. Tengo que reconocer que las cosas no han sido color de rosa, pero dentro de mí siempre tuve la seguridad de que tal como dijo en Isaías 54: los montes se podrían mover, los collados temblar, pero su misericordia de mí nunca se apartaría, al igual que su bendita paz.

Esa paz viene a nosotros en medio de la tormenta. Cuando uno no entiende nada, cuando uno no ve nada, pero espera, confía, clama y tiene la plena seguridad de que Dios está en control. Es algo como: Él lo dice y nuestro espíritu lo confirma. Sí, Dios es poderoso para traerle las promesas y peticiones más grandes que pueda tener dentro de su ser. Lo único que tiene que hacer es creer y poner su fe en acción, reconociendo que Dios trabaja cuando usted le cree.

Sí, Dios es poderoso para traerle las promesas y peticiones más grandes que pueda tener dentro de su ser.

Puntos para pensar:

«¡Mamá, por favor, lee!»

Me había pasado toda la semana peleando con ellas.

En nuestras vidas siguen sucediendo cosas hermosas en ese lugar.

Reflexión:

Solo Dios tiene poder para hacer cosas como estas.

«Para mi mamita linda, habitar en mayo».

Tengo que reconocer que las cosas no han sido color de rosa, pero dentro de mí siempre tuve la seguridad de que tal como dijo en Isaías 54: los montes se podrían mover, los collados temblar, pero su misericordia de mí nunca se apartaría, al igual que su bendita paz.

Él es un Dios de pacto, que guarda su Palabra y cumple su propósito en nosotros.

Citas bíblicas:

Dios no miente, y está pendiente de usted

Salmo 138:8: «*El Señor cumplirá en mí su propósito. Tu gran amor, Señor, perdura para siempre; ¡no abandones la obra de tus manos!*»

Capítulo XI
EL PERDÓN: PARTE DE LA RESTAURACIÓN Y LA SANIDAD

*«Aunque no lo crea no puede amar a
quien no ha perdonado».*

Han pasado los años, y al leer este libro antes de ser publicado, entre lágrimas, recuerdos y una gran cantidad de emociones, le pido a mi Dios que me inspire de tal manera que pueda plasmar su sentir para las mujeres y hombres de este tiempo que necesitan ser sanados del abandono de algún ser querido, o quizás del maltrato físico o verbal de sus padres, no sé cuál sea su caso.

Pero de una cosa estoy segura, Dios sigue sentado en su trono y es el mismo de ayer, hoy y siempre. Él le ofrece sanidad interior, como lo hizo conmigo. No sé por qué motivo hoy en día consideran tan difícil la sanidad interior cuando Dios nos garantiza trabajar con nosotros día a día. No se trata solo de ese día en que llorando le pedimos que entre en nuestro corazón, sino también del día a día en que hablamos con Él por medio de la oración, pero no de esa oración elaborada, leída o escrita por otra persona. Para mí fue precioso, no sabía como hacerlo, empecé diciéndole precisamente eso: «Señor no sé cómo dirigirme a ti, esto es nuevo para mí, pero quiero aprender, te siento, sé que estás aquí, perdóname por todo lo malo que he hecho», era extraordinario cómo salían palabras de mi boca que nunca antes había pronunciado, y lo más increíble es que junto a las palabras habían lágrimas, esto era maravilloso, me sentía bien. Sabía que precisamente eso era orar, y que en su Palabra tenía promesas para mí como estas: Dios no desprecia al corazón quebrantado y arrepentido. Si alguno hubiera cometido pecado, abogado tiene delante del Padre. Las cosas viejas pasaron y ahora todas son hechas nuevas. Todas estas promesas están en su Palabra también para usted.

Todo estaba sucediendo sin yo saber mucho de la Biblia, es maravilloso mi amado lector, si usted se deja guiar, el Espíritu Santo le guía a toda verdad, y tal y como dicen las Escrituras, esa verdad es la que le hace libre.

Empecé a leer su palabra, empecé a perdonar. Y quiero profundizar un poco en esto precisamente. El perdón es la clave del éxito de todos los que de alguna forma u otra han sido lastimados. Todo parece indicarle que es imposible: el dolor le atormenta, la carne se hace sentir, y el enemigo de nuestra alma le dice: «Ódialo. Te hizo mucho daño», pero mi Dios le dice: «Perdona, ama si quieres ser feliz». Debo amar a otros como yo hubiese querido ser amada. «*El que no ama no conoce a Dios, porque Dios es amor*» (1 Juan 4:8).

> *Empecé a leer su palabra, empecé a perdonar.*

Y saben qué mis lectores, aunque no lo crean, no se puede amar a quien no hemos perdonado. El amor entra por medio del perdón, tanto es así que el amor de Dios se manifiesta en el perdón de nuestros pecados a través de nuestro Señor Jesucristo (Juan 3:16). Mientras no hubo remisión de pecado, había una separación entre Dios y el hombre, el perdón siempre hace que el fluir del amor sea intenso y profundo.

Comencé a enseñar a mis hijas a amar a su padre, ellas no tenían por qué pagar las culpas o errores de nosotros, a pesar de esto, hubo otros hijos de parte de su padre, y eso es algo que no podía negar. Le pedí a Dios fuerzas para tener la capacidad de verlos como lo que eran, hijos del padre de mis hijas, parte de la familia de ellas. Y si eran parte de la familia de ellas, y ellas eran mis hijas, eran parte de mí también. Todo lo que tenía que ver con mis hijas era importante para mí. Les ofrecí la oportunidad de amar como yo hubiera querido que me amaran. A través de la sangre de nuestro Señor Jesucristo se rompe toda maldición de odio, resentimiento, engaño y maltrato. Y por medio de este perdón entró el amor a mi casa, limpiando el ambiente, dándole mentes sanas a mis hijas, proyectando la luz que da Cristo Jesús a través de su Palabra. Hoy por hoy puedo testificarles que no solo me compraron esa casa, sino que puedo trabajar tiempo completo en la obra, ya que me suplen todo, tengo un buen amigo en el padre de mis hijas, su esposa y yo nos hablamos siempre que se presenta la ocasión, incluso ella a visitado mi casa y cenado con nosotros, al igual que yo en la suya en ocasiones especiales como Navidad o alguna graduación.

Algo fantástico por lo cual le doy toda la honra y gloria a mi Señor es que su hija Indira, hermana de mis hijas Vanessa y Yhovanna, conoce al Señor Jesucristo como su Salvador personal. Dios me permitió llevarla en muchas ocasiones de niña a la iglesia con mis hijas. Ahora, ya adulta, le presentaron el evangelio. Ella se acuerda de aquella iglesia que la mamá de sus hermanitas la llevaba, cumpliéndose una vez más las Escritura: «*Instruye al niño en el camino correcto, y aun en su vejez no lo abandonará*» (Proverbios 22:6).

Las veces que voy a ministrar a la iglesia Casa de Oración Cristiana, donde el Señor permitió que me instruyera, en la ciudad de Panamá, me da un gozo enorme el ver a Indira en el mismo lugar al que tantas veces mis hijas y yo asistimos sin saber el rumbo que nuestras vidas iban a tomar, solo confiando y creyendo que Dios nos amaba. Hoy puedo testificar que su Palabra es viva y eficaz, más cortante que espada de doble filo y

> *Mi Dios es real y quiere cumplir su propósito en usted, déjelo.*

que Él es cumplidor de promesas y hacedor de maravillas. Mi Dios es real y quiere cumplir su propósito en usted, déjelo. Perdone a quien le ha ofendido y verá que como dice el salmista:

«*El Señor cumplirá en mí su propósito. Tu gran amor, Señor, perdura para siempre; ¡no abandones la obra de tus manos!*» (Salmo 138:8).

Hoy sigo creyendo, confiando y tratando de dar lo que de gracia he recibido de Dios. Agradezco a todas aquellas personas que me han respaldado en oración. No quiero mencionar nombres para que no me falte nadie. Si usted ha sido una de ellas, por favor, reciba mi sincera gratitud. Y siempre recuerde que lo que hacemos en el Señor nunca será en vano. ¡Ah!, y a los demás, ¿por qué no se deciden y buscan a Cristo? En Él existe salvación y vida eterna.

Como prueba de eso puedo testificarles que estoy trabajando a tiempo completo en el ministerio, tengo el privilegio de pastorear una obra en la ciudad de Matagalpa, en Nicaragua, donde ya dejamos un pastor instalado y estamos construyendo un comedor para doscientos cincuenta niños que no tenían qué comer. Para la gloria de Dios también estoy predicando en toda América Latina y donde sea que Dios me envíe, ya que aquella mujer temerosa de años atrás ya no piensa como ella pensaba... ¡sino que está tratando de llegar a la estatura del varón perfecto, pensando como Él!

Yo no pienso como Él... esto es una gran realidad en mi vida. Sus pensamientos no son mis pensamientos, sino son mejores que los que nunca pensé. Jamás hubiera imaginado que hoy en día tendría el privilegio de contarles una parte de mi vida, deseando de todo corazón que pueda ser de bendición para las suyas. Hay un refrán que dice: «Nadie aprende por cabeza ajena», pero en el Señor, vemos a través de la historia como Él nos da la facilidad de aprender a través de los errores de otros. Así que mis amados lectores... ¡hacia delante que lo mejor está por venir! No se detenga en su lucha de hoy… persevere, guíese por lo que dicen las Escrituras, usted y yo … ¡somos más que vencedores por medio de aquel que nos amó, Cristo Jesús!

Que el Señor los bendiga rica y
abundantemente.

Coralia

MINISTERIO EVANGELÍSTICO Y.N.G
«ÁGUILA Y NO GALLINA»
Aguila54@aol.com

DISFRUTE DE OTRAS PUBLICACIONES DE EDITORIAL VIDA

Desde l946, Editorial Vida es fiel amiga del pueblo hispano a través de la mejor literatura evangélica. Editorial Vida publica libros prácticos y de sólidas doctrinas que enriquecen el caudal de conocimiento de sus lectores.

Nuestras Biblias de Estudio poseen características que ayudan al lector a crecer en el conocimiento de las Sagradas Escrituras y a comprenderlas mejor. Vida Nueva es el más completo y actualizado plan de estudio de Escuela Dominical y el mejor recurso educativo en español. Además, nuestra serie de grabaciones de alabanzas y adoración, Vida Music renueva su espíritu y llena su alma de gratitud a Dios.

En las siguientes páginas se describen otras excelentes publicaciones producidas especialmente para usted. Adquiera productos de Editorial Vida en su librería cristiana más cercana.

DEDICADOS A LA EXCELENCIA

Una vida con propósito

Rick Warren, reconocido autor de *Una Iglesia con Propósito*, plantea ahora un nuevo reto al creyente que quiere alcanzar una vida victoriosa. La obra enfoca la edificación del individuo como parte integral del proceso formador del cuerpo de Cristo. Cada ser humano tiene algo que le inspira, motiva o impulsa a actuar a través de su existencia. Y eso es lo que usted podrá descubrir cuando lea las páginas de *Una vida con propósito*.

0-8297-3786-3

Si quieres caminar sobre las aguas, tienes que salir de la barca

Cristo caminó sobre las aguas con éxito, si quieres hacerlo solo hay un requisito: *Si quieres caminar sobre las aguas, tienes que salir de la barca.* Hoy Jesús te extiende una invitación a enfrentar tus temores, descubrir el llamado de Dios para tu vida y experimentar su poder.

0-8297-3536-4

Liderazgo Eficaz

Liderazgo eficaz es la herramienta que todo creyente debe estudiar para enriquecer su función dirigente en el cuerpo de Cristo y en cualquier otra área a la que el Señor lo guíe. Nos muestra también la influencia que ejerce cada persona en su entorno y cómo debemos aprovechar nuestros recursos para influir de manera correcta en las vidas que nos rodean.

0-8297-3626-3

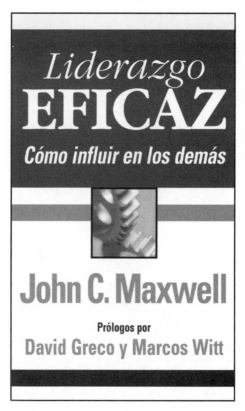

Un toque de su gozo

El gozo es un privilegio que tenemos como hijos de Dios. Él se deleita y celebra que usted exista. A Dios le encanta el gozo. Lo hizo para que lo disfrutara, aun cuando por doquier se orqueste un conjunto de lamentos que amenacen con robarle el gozo, gócese, porque la Biblia enseña que es nuestra fortaleza.

0-8297-3619-0

Nos agradaría recibir noticias suyas.
Por favor, envíe sus comentarios sobre este libro
a la dirección que aparece a continuación.
Muchas gracias.

Editorial Vida
7500 NW 25 Street, Suite 239
Miami, Florida 33122

Vidapub.sales@zondervan.com
http://www.editorialvida.com